Anselm Grün

Weisheit aus der Wüste

Anselm Grün

Weisheit aus der Wüste

52 Mönchsgeschichten zum guten Leben

HERDER

FREIBURG · BASEL · WIEN

Herausgegeben von Rudolf Walter

MIX
Papier aus verantwor-
tungsvollen Quellen
FSC® C083411

Satz: post scriptum, Emmendingen / Hüfingen
Herstellung: CPI books GmbH, Leck

Printed in Germany

ISBN 978-3-451-00659-3

Inhalt

Einführung

Es gibt Fragen, die zeitlos sind. Wie angesichts der Ungesichertheit des Daseins unser Leben gelingen kann, diese Frage bewegte schon die Menschen der Antike genauso wie uns heute. Wer sie stellt, begibt sich in Distanz zum Alltagsbetrieb. Er gibt sich auch nicht mit oberflächlichen Angeboten und mit Zufälligkeiten zufrieden, sondern sucht einen Blick auf das Ganze und auf den Grund des Daseins. In der Antike waren es vor allem die Philosophen, die sich mit der Frage nach dem gelingenden Leben auseinandergesetzt haben. Aber nicht nur sie. Es waren immer auch spirituell inspirierte Menschen, die die Distanz von der Welt suchten, um die innere Welt zu entdecken. Zwischen dem dritten und sechsten Jahrhundert etwa haben sich viele Männer und Frauen in die Wüste zurückgezogen. Sie hatten die Brüchigkeit ihres Lebens erfahren, waren in eine Krise geraten und suchten in der Abgeschiedenheit nach Wegen, sich der eigenen Wahrheit zu stellen. Sie wollten ihr Leben angesichts dieser Erfahrung neu ausrichten. Indem sie sich der Einsamkeit und der Härte des Wüstenlebens stellten, suchten sie inneren Frieden zu finden. Dadurch wurden sie zum Vorbild für viele, bis heute.

„Wüstenväter" ist eine später aufgekommene Bezeichnung für diese frühchristlichen Mönche, die seit dem späten dritten Jahrhundert, entweder einzeln als Eremiten oder in Gruppen, als sogenannte Koinobiten, ein zurückgezogenes, durch Askese, Gebet und Arbeit bestimmtes Leben in den Wüsten Ägyptens, Palästinas und Syriens führten. Zunächst flüchteten sie vor der Verfolgung, später waren diese „Anachoreten" – salopp, aber nicht ganz falsch übersetzt – „Aussteiger", die in Einsiedeleien zurückgezogen lebten in einer Zeit, als die Großstädte immer luxuriöser und das Christentum zur Staatsreligion wurde und sich alte Herrschaftsfamilien der Kirchenorganisation bemächtigten.

So unterschiedlich wie die zeitgeschichtlichen Hintergründe waren auch die biographischen Hintergründe und die jeweiligen Motive dieser Menschen. Der erste dieser Anachoreten war wahrscheinlich Antonios, mit dem Beinamen „der Große" (ca. 251–356), ein Sohn wohlhabender christlicher Bauern aus Mittelägypten, der seinen Besitz verschenkte und sich in die Einsamkeit zurückzog. Arsenios dagegen entstammte einem römischen Senatorengeschlecht und war Beamter am kaiserlichen Hof. Er konnte das oberflächliche Leben am Hof mit seinen Intrigen nicht mehr aushalten und ging in die Wüste. Andere hatten einen Menschen ermordet und bereuten ihre Tat. Sie sahen einen Ausweg darin, in der Wüste ihre Tat zu beweinen und einen ganz neuen Anfang zu setzen. Wieder andere waren durch eine tiefe spirituelle Erfahrung innerlich gedrängt worden, in die Wüste zu gehen.

Die Wüstenväter, mit der Brüchigkeit unseres Lebens vertraut, die sie am eigenen Leib erfahren hatten, haben für sich einen Weg gefunden, damit umzugehen und ihrem Dasein einen Sinn abzuringen. Sie verstanden sich als Kämpfer, als Athleten. „Athleten" im Verständnis der antiken Welt sind Wettkämpfer, die – um zu siegen – eine bestimmte, ganz besondere Lebensweise praktizieren, für die das Trainieren und Üben zentral ist. Die Kraft, die von diesen „spirituellen Athleten" ausging, hat damals viele suchende Menschen angezogen und so fasziniert, dass sie einen ähnlichen Weg gehen wollten. Doch auch viele, die sich selber nicht auf diese anstrengenden Übungen einlassen wollten, pilgerten zu diesen seltsamen Männern und Frauen, die ein radikal anderes Leben führten, in Einfachheit und strenger Askese. Sie kamen, um ihren Rat zu erfragen, wenn sie selbst nicht mehr mit ihrem Leben zurechtkamen. Es kamen freilich auch Sensationslüsterne, die von Neugier getriebene Fragen stellten und mit den Antworten der Mönchsväter angeben und sich brüsten wollten. Doch die Wüstenväter hatten ein feines Gespür, ob einer wirklich in einer existenziellen Not war und ein Wort brauchte, das ihm einen Weg aus einer Lebenskrise weisen konnte, oder ob da einer nur aus Voyeurismus und Sensationsgier kam. Solche Fragesteller konnten ihnen noch so sehr vormachen, dass ihr Wort für sie wichtig sei, sie verweigerten eine Antwort und blieben stumm. Sie ließen sich nicht benutzen und sagten nur dem ein Wort, bei dem sie darauf vertrauen konnten, dass er dieses Wort auch befolgen würde.

Das gilt auch für uns Heutige. Wenn wir nur mit Neugier an diese fremde Welt der Mönche herangehen, wird sie für uns fern und unverständlich bleiben. Nur wenn wir dem vertrauen, was sie zu sagen haben, und wenn wir ihre Worte wie einen Spiegel betrachten, in dem wir unsere eigene Brüchigkeit, unsere eigene Gefährdung und Versuchung erkennen, werden ihre Worte für uns wirklich zum Heilmittel. Dann aber werden wir die Altväter so erfahren, dass sie unsere Seele „heilen und retten" können, wie es Antonios über den Altvater Paphnutios gesagt hat. Die Mönchsgeschichten wollen uns also noch heute die eigene seelische Verfassung aufdecken. Sie möchten uns zugleich Wege weisen, wie wir mit unseren Gedanken und Emotionen umgehen sollen.

Die Wüstenväter lebten an einem Ort, der alles andere als ein bequemes Refugium für ruhebedürftige Seelen war. Wüste war für sie auch Herrschaftsbereich der Dämonen. Da begegneten sie all den Gefährdungen, die sie in der Welt erfahren hatten, auf eine neue und noch intensivere Weise. Sie kämpften ständig mit den „logismoi", mit Gedanken und Gefühlen, mit Leidenschaften und Bedürfnissen, die sie quälten. Das Wort „logismos" kann man kaum richtig übersetzen. Man kann es nur umschreiben mit Worten wie: innere Einflüsterungen, Einreden, Ausreden, Gedankenspielereien, leidenschaftliche Gedanken, unruhige Gedanken, Brüten, unnützes Grübeln (vgl. Schweizer, Bd. 16, S. 535). Die Mönche ringen mit diesen Gedanken, damit sie von ihnen nicht beherrscht werden. Das Ziel ihres Kampfes: frei zu werden von ihnen und zu ihrer inneren Ruhe zu finden. Denn das Ziel ihres Lebens war die Herzensruhe – hesychia –, ein Zustand inneren Friedens, in dem sie Gott in ihrem Herzen spürten. Die Mönche waren in die Wüste gegangen, um Gott zu suchen. Und sie machten die Erfahrung: Wenn ich Gott in mir entdecke, dann komme ich zur Ruhe. Das ist ihre Einsicht, die auch für uns heute gilt: Der Weg zu dieser inneren Ruhe geht über die Auseinandersetzung mit den Gedanken und Leidenschaften. In uns ist ein Ort der Stille, in dem Gott in uns wohnt. Aber zu diesem Ort auf dem Grund der Seele gelangen wir nur, wenn wir durch das Chaos unserer Gedanken, Leidenschaften und Emotionen hindurchgehen.

Die Wüste war für die Mönche auch der Ort der Versuchung. Sie wussten sich da verbunden mit Jesus, der 40 Tage in die Wüste ging und dort vom Teufel versucht wurde. Doch die Überwindung der Versuchung hat Jesus fähig gemacht, seine Botschaft vom Reich Gottes so zu verkünden, dass sie nicht verdunkelt war von persönlichen Nebenabsichten, von der Tendenz, sich selbst interessant zu machen. So wollten die Mönche sich in der Wüste von allem inneren Unrat reinigen. Klärung, Entscheidung sind auf diesem Weg gefragt. Das Ziel ihres Lebens war die Reinheit des Herzens. Auch das ist bleibend aktuell: Die Reinheit des Herzens bedeutet nicht, fehlerlos zu sein. Sie beschreibt vielmehr eine innere Klarheit, in der mein Denken und Fühlen nicht mehr getrübt ist von Projektionen und egozentrischen Absichten und Tendenzen.

Wenn wir heute in einem übertragenen Sinn von Wüste und Verwüstung sprechen, denken wir an innere Zustände, an seelische Verödung, an extreme und bedrohliche Grenzerfahrungen. Wir gebrauchen das Wort bildhaft auch, wenn Menschen unter der „Steinwüste" unserer anonymisierten Städte leiden. Die Menschen erleben innere Verwüstung als Leere, als Verlassenheit, als Ödnis. Im spirituellen Sinn können wir „Wüste" also immer noch als einen Ort verstehen, der herausfordert und uns etwas abverlangt, der uns aber auch ein Ziel vor Augen stellt. Wie in den biblischen Berichten kann die Wüste gerade auch zu dem Ort werden, an dem Gott seine Macht und seine Gnade erweist. Die Mönche waren überzeugt: Wenn ich mich meiner seelischen Verwüstung und meiner inneren Gefährdung stelle, werde ich die Wüste als Ort erleben, an dem ich Gott besonders nahe bin. Das Volk Israel hat die Wüste als den Ort der Verheißung und seine Wanderung durch die Wüste als eine Zeit erlebt, in der es Gott besonders nahe war. Und so wurde auch für die Mönche die Wüste zum Ort, an dem Gottes Herrschaft erfahrbar wurde. Sie wandelte sich zum Paradies. Das ist auch für uns die Verheißung: dass die Mönche uns einen Weg weisen, wie unsere Verwüstung verwandelt werden kann, wie die Wüste zum Garten des Paradieses wird, in dem wir wie Adam und Eva vertraut mit Gott wandeln.

Manche machen den Wüstenvätern den Vorwurf des Egoismus: Sie hätten sich aus der Welt zurückgezogen, um sich nur um ihr eigenes Seelenheil zu kümmern. Doch die Mönche haben sich in ihrem Rückzug zugleich solidarisch gefühlt mit allen Menschen. Sie dachten, wenn sie die Dämonen in deren eigenem Herrschaftsbereich besiegten, dann würden sie auch einen Beitrag zur Humanisierung der Gesellschaft leisten. Ihre Überzeugung: Wenn es dort, wo sie kämpfen, heller wird, wird es in der ganzen Welt heller. Die Mönche, die in die Wüste gingen, um sich radikal dem Kampf mit den „logismoi" zu stellen, haben diesen Kampf nie als Privatveranstaltung gesehen, sondern als Auftrag im Dienst an der Welt, damit durch sie die Welt menschlicher und wärmer werde.

Auch das ist ein Bild für uns und für heute: Ich erlebe viele Menschen, die sagen: Was hat denn mein Kampf für einen Sinn? Ich will nicht mehr leben. Ich leide an chronischen Schmerzen. Ich kann sie nicht aushalten. Oder: Ich leide an Depressionen. Ich bin eine Last für meine Umgebung. Die Mönche würden sagen: Wenn du dort, wo du bist, die Dunkelheit in Licht verwandelst, leistest du einen Beitrag für die ganze Welt. Wenn du mit deinen chronischen Schmerzen so umgehst, dass sie zum Einfallstor von Gottes Liebe werden, dann wirst du ein Segen für die anderen. Wenn du deine Depression annimmst und sie vom Licht Jesu durchdringen lässt, dann verwandelst du auch deine Umgebung, dann tut das auch den Menschen um dich herum gut. Alles, was wir tun, tun wir immer schon in der Solidarität mit anderen Menschen.

Die Geschichten über die Wüstenväter und ihre Worte, die diese Geschichten uns überliefern, sind etwa 1600 Jahre alt. Viele mögen denken: Was sollen diese alten Texte uns heute sagen? Unsere Situation ist doch ganz anders. Daran stimmt: Mit manchen asketischen Praktiken können wir in der Tat nichts anfangen. Und ihre Härte stößt uns eher ab oder vermittelt uns das Gefühl, dass wir ihre Radikalität nie erreichen können. Doch es geht nicht darum, die Wüstenväter zu kopieren. Das wird uns sowieso nicht gelingen. Aber gerade diese Menschen, die in der Einsamkeit der Wüste und in der Begegnung mit ihren Mitbrüdern oder Mitschwestern die eigene Seele erforscht haben, können uns heute etwas sagen. Die Wüstenväter und Wüstenmütter haben ihre Seele in einer Radikalität analysiert, die der heutigen Psychoanalyse durchaus nahe kommt. Sie haben in die Abgründe der Seele gesehen, in ihre Gefährdungen und Brüche. Aber sie waren „Athleten" gerade in dem Sinn, dass sie Lust hatten, mit all dem, was sie gefährdete, zu kämpfen. Ihre Askese war keine Verneinung des Lebens, sondern geprägt von Lust am Leben und von dem optimistischen Glauben, dass auch das tiefste Versagen des Menschen durch die Begegnung mit Gott und durch die tägliche Übung der Askese verwandelt werden kann in Durchlässigkeit für Gott. Gerade weil die Mönche der eigenen Abgründigkeit ihrer Seele begegnet sind, waren sie frei von allem Urteilen über andere. Der Forderung, nie über andere zu richten, begegnen wir immer wieder in diesen Geschichten. Wer sich selbst erkannt hat, dem ist das Urteilen über andere vergangen. Denn er sieht im Fehler und der Schwäche des anderen die Möglichkeiten der eigenen Seele gespiegelt.

In den hier vorgestellten alten Mönchsgeschichten geht es aber nicht nur um Selbsterkenntnis und Analyse innerer Befindlichkeiten, sondern immer auch um Verwandlung und Heilung. Wie kann meine brüchige und verletzte Seele geheilt werden? Wenn wir die Worte dieser spirituellen Meister vor dem Hintergrund unserer eigenen Verletzungen lesen, dann sprechen sie direkt unser verwundetes Herz an. Und sie lassen uns hoffen, dass auch unsere Wunden geheilt werden können. Die

Worte selbst haben eine heilende Wirkung, wenn wir sie tief in uns hineinlassen.

Ich habe in einigen Büchern, vor allem in den frühen Kleinschriften, über das Schweigen, die Einreden und den Umgang mit dem Bösen und über die geistliche Begleitung bei den Wüstenvätern, schon viele Vätersprüche (Apophtegmata Patrum) zitiert und ausgelegt. Für dieses Buch habe ich vor allem Sprüche ausgewählt, die ich früher noch nicht behandelt habe. Und es sind Texte, die mich persönlich angesprochen haben. Da einige Begriffe, die in den Vätersprüchen vorkommen, für manche Leser fremd sind, habe ich im Anhang einige Worte eigens erklärt.

So wünsche ich Ihnen, den Lesern und Leserinnen, dass die Vätersprüche für Sie wie Spiegel sind, in denen Sie sich wiedererkennen. Schauen Sie in den Spiegel ohne Angst und ohne sich zu verurteilen, sondern in der Haltung der Mönche, dass alles sein darf. Alles *ist* einfach in uns. Wir sollten davor nicht erschrecken. Aber wir sollen uns damit beschäftigen und alles, was in uns ist, Gott hinhalten, damit sein Licht und seine Liebe alles in uns verwandeln können. Die Mönche sagen uns: Wir sind nicht verantwortlich für die Gedanken und Gefühle, die in uns auftauchen. Sie dürfen alle sein. Aber wir sind dafür verantwortlich, wie wir damit umgehen. Die Mönche haben verwirklicht, was der Epheserbrief uns rät: alles, was in uns ist, aufzudecken und in das Licht Gottes zu halten: „Alles, was aufgedeckt ist, wird vom Licht erleuchtet. Alles Erleuchtete aber ist Licht." (Eph 5,13f) Das ist eine frohe Botschaft: Selbst die Schuld, die aufgedeckt wird, kann erleuchtet werden und zum Licht werden. Meine Schwächen und Fehler, meine Wunden und Kränkungen können durchlässig werden für das Licht, können das Licht Christi ausstrahlen in diese Welt, wenn ich sie weder vor mir noch vor Gott verberge, sondern sie in sein Licht halte. Ein Weg, sie ins Licht Gottes zu halten, ist auch das Offenbaren der Gedanken. Die Mönche haben einem Altvater, also einem geistlichen Begleiter und Lehrer erzählt, was sie für Gedanken haben. Sie hatten das Vertrauen, dass sie nicht bewertet werden, sondern eine Hilfe erfahren, richtig damit umzugehen. So ermutigen uns diese Mönche einer vergangenen Zeit, auch unsere Gedanken und Gefühle einem Menschen zu offenbaren, einem Freund oder einer Freundin, einem Seelsorger oder einer Seelsorgerin oder einem Therapeuten oder einer Therapeutin. Aber wer keinen Menschen findet, der kann im Gebet Gott alles hinhalten und vertrauen, dass sein Licht alles erleuchtet und alles in mir in Licht verwandelt.

1 Anfangen

Von Abbas Pior erzählte der Altvater Poímen, dass er jeden Tag einen Anfang machte. *Apo 659*

E s ist eine kurze Mönchsgeschichte, ja nur ein einziges Wort, das Abbas Poimen über den älteren Abbas Pior sagte. Pior war Schüler des großen Antonios, des ersten Mönches. Er starb gegen 360. Er lebte täglich nach der Weisung der Bibel und, wie andere, in selbst gewählter harter Askese. Aber was ihn auszeichnete, das war der neue Anfang, den er täglich setzte. Es ist für uns ein tröstliches Wort. Wenn schon diese großen Mönche sich immer wieder nur als Anfänger im Dienst Jesu verstehen, dann dürfen auch wir uns als Anfänger von ihnen verstanden fühlen. Auch Benedikt schreibt übrigens, dass er seine Regel für Anfänger geschrieben hat.

Keiner von uns ist so weit auf seinem geistlichen Weg, dass er nicht täglich eines neuen Anfangs bedarf. Anfangen ist aber auch eine Gnade. Ich kann jeden Tag neu anfangen. Ich bin nicht festgelegt durch meine Vergangenheit. „Anfangen" kommt von „anfassen, anpacken, in die Hand nehmen". Wenn wir anfangen, dann bedeutet das, dass wir unser Leben selbst in die Hand nehmen und es formen. Wir hören auf zu jammern, dass wir nichts machen können, weil wir durch unsere Erziehung schon festgelegt sind. Wir selbst haben es in der Hand, was wir aus unserem Leben machen. Wir können das, was wir mitbekommen haben, mit unserer Hand formen und gestalten. Aber wir müssen selbst anpacken. Wir dürfen nicht alles nur von andern erwarten.

Jeder Tag fängt mit dem Morgen an. Der Rhythmus der Natur soll auch zum Rhythmus für unser Leben werden. Jeder neue Tag ist die Chance, auch innerlich mit Gott neu anzufangen. Wir sollen nicht sagen, dass sich bei uns sowieso nichts ändert, dass wir schon oft genug versucht haben, alles neu zu machen. In dem Wort über den Abbas Pior steckt die Herausforderung, jeden Tag neu anzufangen ohne den vorigen Tag zu bewerten. Ganz gleich, wie wir bisher gelebt haben, es ist nie zu spät, anzufangen. Aber auch für den, der schon sehr viel für sich und seinen spirituellen Weg unternommen hat, gilt dieses Wort: Bilde dir nichts ein auf das, was du erreicht hast. Fange jeden Tag neu an. Nur dann wirst du lebendig bleiben, nur dann wirst du dem Anspruch Jesu gerecht.

2 Am Morgen

Wenn du dich nach deinem Schlaf erhebst, gebe dein Mund zuerst und sofort Gott die Ehre und er stimme Lieder und Psalmen an, denn die erste Beschäftigung, an die der Geist sich frühmorgens anbindet, sie fährt mit dem Mahlen fort wie eine Mühle den ganzen Tag, sei es Weizen oder Unkraut. Deshalb sei täglich der erste, um Weizen hinein zu werfen, bevor dein Feind Unkraut hinein wirft. *N 592/43*

Dieser Väterspruch gilt nicht nur für Mönche, sondern für jeden Christen. Er betont, wie wichtig für uns der Anfang des Tages ist. Wir sollen nicht einfach in den Tag hineinstolpern. Wir sollen nicht zuerst an unsere Termine denken oder an unsere Bedürfnisse oder an Konflikte, in denen wir gerade stehen. Der erste Gedanke gelte Gott. Aber wir sollen es nicht nur im Gedanken belassen. Wir sollen mit dem Mund ein Gebet sprechen oder sofort ein Lied anstimmen. Nun kann man das wohl kaum in einer Mietwohnung tun, ohne die Nachbarn zu stören. Aber ein stilles Wort der Bibel, das wir laut vor uns hinsprechen, tut uns sicher gut. Es muss nicht immer ein Psalm sein oder ein Wort, es kann auch eine Gebärde sein, mit der wir Gott die Ehre geben. Für mich ist es ein gutes Morgenritual, am Morgen die Hände zu erheben und den Tag zu segnen mit allem, was heute auf mich zukommt. Dann ist der Segen das, was den Tag prägt, und nicht die Angst vor dem schwierigen Gespräch oder vor dem Konflikt, der mich heute wieder belastet.

Der Väterspruch vergleicht die ersten Gedanken, die wir am Morgen haben, mit dem Füllen der Mühle. Was wir zuerst in die Mühle werfen, das wird sie den ganzen Tag über mahlen. Die ersten Gedanken, mit denen wir uns am Morgen beschäftigen, werden den ganzen Tag durch unseren Kopf gehen. Daher gehört es zur Seelenhygiene, am Morgen gute Gedanken zu haben. Dabei sollen wir uns nicht selbst manipulieren und uns vorsagen, dass wir alles positiv sehen wollen. Mit guten Gedanken meint der Altvater vielmehr das Gebet. Wir sollen Gott die Ehre geben. Wir sollen zu Gott aufschauen, ihn in die Mitte unseres Lebens stellen. Oder wir sollen fromme Lieder anstimmen, die uns dann wie ein Ohrwurm durch den Tag begleiten. Es müssen nicht nur fromme Lieder sein, es können auch fröhliche Lieder sein. Ich kenne Menschen, die morgens unter der Dusche zu singen anfangen, was ihnen gerade in den Sinn kommt. Das wirkt auf jeden Fall heilsamer, als wenn sie sich nur Sorgen machen, ob sie den Tag einigermaßen bewältigen können. Es ist unsere Verantwortung, wie wir den Tag beginnen. Es braucht da gute Rituale, auf die wir uns jeden Morgen freuen. Rituale schaffen eine heilige Zeit. Die heilige Zeit gehört uns. Der Morgen gehört uns. Und wenn die ersten Minuten durch uns ganz persönlich gestaltet werden, dann wird der ganze Tag uns gehören, dann wird der ganze Tag geheiligt. Die Rituale bringen uns auch mit dem heiligen Raum in uns in Berührung, zu dem die Welt keinen Zutritt hat, über den sie nicht verfügen kann. Das gibt uns ein Gefühl von Freiheit und Gelassenheit, mit der wir in den Tag gehen können. Wenn wir gute Gedanken am Morgen in die Mühle unseres Tages werfen, dann wird am Abend Weizenmehl herauskommen, das wir zu Brot verarbeiten können. Es wird uns nähren und stärken. Wenn wir schon morgens Unkraut in unsere Mühle werfen, dann wird am Abend irgendein Chaos herauskommen. Es wird übel riechen. Es nährt uns nicht. Vielmehr macht es uns abends Mühe, all das zermahlene Unkraut zu entsorgen.

3 Ohne Überdruss

Es war ein Alter, genannt Hierax, der sich in den Gegenden der Thebais fünfzig Jahre aufgehalten hatte. Und die Dämonen wollten ihn in die akedia hineinwerfen mit der Länge der Zeit seines Lebens. Eines Tages traten sie vor ihn und sprachen: „Was willst du machen, Alter, da du weitere fünfzig Jahre zu leben hast?" Der aber antwortete und sprach zu ihnen: „Ihr habt mich sehr betrübt. Für zweihundert Jahre habe ich Vorsorge getroffen." Die aber gingen heulend weg von ihm. *N 33*

Der Mönch, von dem hier die Rede ist, lebt schon 50 Jahre in der Wüste als Eremit, wird also vermutlich etwa 70 Jahre alt sein. Da kommen die Dämonen wollen ihn in die Traurigkeit stürzen oder in die akedia: Das schwer übersetzbare Wort bezeichnet eine Haltung, die Trägheit, Lustlosigkeit, Überdruss, Ekel am Leben meint. Die Dämonen spiegeln dem Eremiten vor, dass er noch weitere 50 Jahre zu leben habe. Sie wollen ihn damit ängstigen. Denn mit seinen 70 Jahren kann sich der Mönch ausmalen, dass es keine beschwerdefreie Zeit sein wird, die ihm da noch bevorsteht. Mit dieser düsteren Aussicht wollen die Dämonen dem Alten Ekel am Leben einflößen oder ihn zumindest in einen Zustand der Lustlosigkeit und Traurigkeit stürzen. Doch der Mönch verspottet sie. Er hat sich, so sagt er, spirituell und psychisch auf 200 weitere Jahre eingerichtet. Gegen solches Vertrauen sind die Dämonen machtlos. Heulend laufen sie davon.

Diese Mönchsgeschichte erscheint mir heute hochaktuell, aber auch sehr hilfreich bei der Diskussion um die aktive Sterbehilfe. Viele Menschen können und wollen sich heute nicht vorstellen, dass sie alt und krank werden. Sie möchten auch ihr Sterben noch kontrollieren. Sie haben Angst vor Kontrollverlust, fürchten sich davor, dass ihre eigene Wirklichkeit in der Schwäche des Alters oder des Sterbeprozesses zum Vorschein kommen könnte. Sie haben Angst vor einem zu langen Leben. Sie stellen sich ein solches Leben nur als Siechtum und Verfall vor. Der Mönch hat keine Angst. Er hat sich innerlich auf 200 Jahre eingerichtet. Das ist natürlich biologisch gesehen unrealistisch, aber psychologisch gesehen zeugt es von seiner inneren Kraft. Sein hartes asketisches Leben macht ihm Spaß. Er hat keine Vorstellungen davon, was er noch alles leisten möchte. Daran hängen sich aber heute oft die alten Menschen. Oder aber sie hängen noch zu sehr am Leben. Der alte Mönch in dieser Geschichte dagegen hängt nicht am Leben. Er lebt einfach sein Leben mit Gott. Aber dieses Leben mit Gott kann ewig so weitergehen. Es macht für ihn dann auch keinen großen Unterschied, ob er in diesem Leben mit Gott lebt oder im jenseitigen Leben. Ganz gleich wie seine körperliche Verfassung sein wird, er lebt mit Gott. Und daher hat er keine Angst vor 200 weiteren Jahren mit Gott in diesem Leben. Er weiß: Sein Leben wird so und so in Gott hinein münden. Aber er hat keine Angst und überlässt es Gott, wann er ihn holen wird.

4 Von der Demut

Abbas Isaías sagte von der Demut: „Sie hat keine Zunge, um von jemandem zu sagen, er sei nachlässig, oder von einem andern, er sei verachtenswert. Sie hat keine Augen, um die Fehler des anderen zu sehen, noch Ohren, um für die Seele schädliche Dinge zu hören. Sie kümmert sich um nichts anderes als um ihre Sünden. Sie ist friedfertig gegenüber allen Menschen." *J 716*

Wir kennen die Gefahr, dass wir gerne über andere reden. Wir reden am liebsten über die Fehler der andern. Die Psychologie weiß heute, dass der, der über die Fehler des andern so gerne redet, eigentlich über sich selbst spricht. Er möchte – nicht nur die andern, sondern auch seinen eigenen Geist – von den eigenen Fehlern ablenken. Genau deswegen beschäftigt er sich dann lieber mit den Fehlern der andern. Es gibt Menschen, die alles sehen, was bei andern verkehrt läuft. Die haben einen Blick für die Fehler des Nächsten. Und sie machen ihre Ohren weit auf, sobald sie jemanden über einen anderen schlecht reden hören. Ihr ganzes Gerede geht um das, was bei andern schiefläuft. Manchmal rechtfertigen sie ihr Reden vor sich und vor den anderen damit, dass sie es ja gut mit dem andern meinen, dass sie ihm Frieden wünschen. Aber sie halten sich trotzdem ständig bei den Fehlern anderer auf. Von ihnen gilt das Wort, das Hermann Hesse einmal geprägt hat: „Was nicht in uns ist, das regt uns auch nicht auf." Wir regen uns über andere oft auf, weil sie unsere eigenen Schattenseiten leben. Und indem wir uns über ihre Fehler auslassen, werden wir umso blinder für die eigenen Schattenseiten.

Die Demut hat überhaupt keine Augen und Ohren, um das Negative bei andern zu sehen und zu hören. Und wer demütig ist, den drängt es auch nicht, über andere zu reden. Er spricht nur über sich selbst, über die eigenen Sünden. Die Demut ist die Tugend, die sich auf die eigene Brüchigkeit bezieht, die es wagt, sich in der eigenen Menschlichkeit und Begrenztheit anzunehmen. Wer das tut, dem vergeht es, über andere herzufallen. Er wird von alleine friedfertig gegenüber allen Menschen. Denn er sieht sich solidarisch mit ihnen. Er hat ja die gleichen Fehler wie sie. So wünscht er sich und den andern, dass sie in Frieden kommen mit sich selbst. Dann werden die Fehler ganz von selber weniger.

5 Wirkliches Fasten

Ein Bruder sagte zu Makarius: „Vater, dreißig Jahre esse ich kein Fleisch und bin immer noch versucht in dieser Sache." Der Alte sagte ihm: „Sage mir nicht, mein Kind, dass du dreißig Jahre gelebt hast, ohne Fleisch zu essen, sondern ich bitte dich, mein Kind, sage mir die Wahrheit: Wie viele Tage hast du verbracht ohne Böses von deinem Bruder zu sagen, ohne deinen Nächsten zu richten und ohne von deinen Lippen einen unnützen Satz ausgehen zu lassen?" Der Bruder verbeugte sich und sagte: „Bete für mich, Vater, damit ich anfange." *J 746*

In der Fastenzeit versuchen viele Christen zu fasten. Das ist eine gute Übung. Die frühen Mönche wollten durch Fasten ihre Leidenschaften besiegen. Der Bruder, der zu Makarius, einem der großen Altväter, kommt, hat offensichtlich noch mit seiner Sexualität zu kämpfen. Er dachte, wenn er kein Fleisch äße, wäre er frei von „fleischlichen Versuchungen". Doch Makarius zeigt ihm die Relativität seines Fastens auf. Es nützt dem Menschen gar nichts, zu fasten und durch sein Fasten den Körper zu reinigen, wenn er nicht gleichzeitig seinen

Geist reinigt. Und die Reinigung des Geistes geschieht dadurch, dass ich auf das Richten verzichte und nicht über andere schlecht rede. Es ist eine große Versuchung – gerade auch für spirituell suchende Menschen –, dass sie leicht über andere urteilen. Die andern halten sich nicht an die Gebote. Die gehen nicht in die Kirche. Die leben alle oberflächlich. Doch mit solchen Worten offenbaren wir uns selbst. Wir möchten am liebsten über die Gebote Gottes hinweggehen. Und es geht uns eigentlich gar nicht um den Kirchgang. Wir gehen nur, um vor uns selbst und andern gut dazustehen. Die wichtigste Übung des Fastens ist für Makarius das Fasten im Reden. Wir sollen weder etwas Böses über den andern sagen, noch über ihn richten und ihn bewerten. Ja, wir sollen auch keine unnützen Worte sagen. Wir sollten uns überlegen, was wir sagen: Nützt das, was wir sagen, andern? Erbaut es sie? Oder stellen wir uns damit selbst in den Mittelpunkt? Oder decken wir durch das viele Reden unsere innere Leere zu, weil wir Angst haben, uns ihr zu stellen? Das Fasten, wie es die Mönche verstehen, möchte uns in die Wahrheit führen. Es möchte alles aufdecken, was in uns an Gedanken ist. Und das sollen wir dann Gott hinhalten, dass sein Geist unsern Geist reinige und verwandle.

6 Gottes Menschenliebe

Ein Mönch, sehr fromm und gottliebend, hatte einen Anachoreten (Einsiedler) zu seinem Freund. Es starb der Anachoret, und der Bruder ging in dessen Zelle, fand fünfzig Münzen und begann sich zu wundern und zu weinen, weil er fürchtete, der Einsiedler habe wegen des Geldes bei Gott Anstoß erregt. Und wie er zu Gott inständig für diesen betete, sah er einen Engel des Herrn, der zu ihm sprach: „Was bist du so mutlos wegen des Einsiedlers? Das, was du suchst, überlasse der Menschenliebe Gottes. Wenn alle vollkommen wären, wo könnte sich dann die Menschenliebe Gottes zeigen?" Und so wurde der Bruder überzeugt, dass der Anachoret der Verzeihung gewürdigt wurde. Er wurde guten Mutes und pries Gott aus ganzem Herzen. *N 74*

Der Mönch, der nach dem Tod seines Freundes 50 Münzen in seiner Zelle findet, denkt: Der hat doch nicht so gut gelebt, wie ich gedacht habe. Er hat heimlich Geld zurückgelegt, anstatt auf Gott zu vertrauen. Er sieht nur den Fehler und weint über seinen Freund, dass er nicht so vollkommen war, wie er gedacht hat. Doch Gott schickt ihm einen Engel, der ihn tröstet: Wenn alle Menschen vollkommen wären, dann könnte sich die Menschenliebe Gottes gar nicht zeigen. Wir sollen uns nicht über unvollkommene Menschen aufregen. Wir sollen vielmehr angesichts ihrer und unserer eigenen Schwächen auf Gottes Barmherzigkeit vertrauen. In all unseren Schwächen wird seine Barmherzigkeit und Menschenliebe für uns sichtbar. Wir sollen auf Gottes Liebe schauen und nicht auf unsere Vollkommenheit, die wir doch nie erreichen werden. Wir kennen die Reaktion des Mönches, wenn wir nach dem Tod eines bekannten Menschen seine Schwächen entdecken oder wenn wir sein Doppelleben erkennen. Doch anstatt uns darüber zu entrüsten, sollten wir – wie der Mönch in der Geschichte – auf Gottes Barmherzigkeit schauen und sie preisen. Das befreit uns von der Sucht, über andere zu urteilen. Aber es entlastet uns auch von dem Druck, dass wir selber im Tod den andern als vollkommen erscheinen müssten. Wir sollen uns nicht um uns und das Bild kümmern, das andere sich nach unserem Tod von uns machen, sondern wir sollen gemeinsam Gottes Barmherzigkeit preisen.

7 Unablässiges Beten

Es sagte ein Alter: „Wenn ein Mönch nur dann betet, wenn er sich zum Gebet hinstellt, ein solcher betet überhaupt nicht." *N 104*

Beten ist für die Mönche mehr als sich zum Gebet hinstellen. Ich bete nicht nur, wenn ich mir Zeit zum Beten nehme, wenn ich mich in die Kirche setze und die Hände falte, oder wenn ich ein vorgeformtes Gebet spreche. Die Mönche strebten danach, die Forderung des hl. Paulus zu erfüllen: „Betet ohne Unterlass!" (1 Thess 5,17) Dieses unablässige Gebet übten sie, wenn ihr Geist immer auf Gott gerichtet war. Für den hl. Augustinus ist es unmöglich, immer ein konkretes Gebet zu sprechen oder immer die Knie zu beugen. Für ihn besteht das unablässige Gebet in der unablässigen Sehnsucht. Wenn ich mit meiner Sehnsucht nach Gott in Berührung bin, dann bete ich. Und er meint: „Wenn du dein Beten nicht unterbrechen willst, dann unterbrich deine Sehnsucht nicht." Wir sollen also immer in Berührung sein mit der Sehnsucht in unserem Herzen. Die Sehnsucht ist die Spur, die Gott in unser Herz gegraben hat. Wenn ich die Sehnsucht spüre, spüre ich auch die Spur Gottes in mir. Da bin ich in Berührung mit Gott, dann bete ich. Eine konkrete Weise des unablässigen Gebetes war die sogenannte „ruminatio", das Wiederkäuen eines biblischen Verses oder des Jesusgebetes. Die Mönche versuchten, mit jedem Atemzug das Jesusgebet zu verbinden. So war ihr beständiger Atem zugleich ein beständiges Gebet.

Nicht jeder wird die Gebetsweise der Mönche so in seinem Alltag leben können. Aber das Mönchswort ist auch für jeden von uns eine Herausforderung. Es stellt uns vor die Frage, ob wir nur ab und zu einmal uns zum Gebet hinstellen oder hinsetzen, oder ob wir grundsätzlich in unserem Alltag offen sind für Gott, ob wir in Berührung sind mit unserer Sehnsucht nach Gott und unserer Sehnsucht nach Gebet. Die Sehnsucht kennt jeder in sich. Aber es ist unsere Aufgabe, die Sehnsucht nicht zu verdrängen, sie nicht zu verstellen mit Aktivismus, sondern sie immer wieder zu spüren. Eine Hilfe, die Sehnsucht zu spüren, ist: die Hände auf die Brustmitte legen. Dort wird es warm. Und ich ahne die Sehnsucht, die in mir ist. Und dann kann ich mich tagsüber immer wieder an diese Sehnsucht in mir erinnern. In mir ist etwas, was diese Welt übersteigt, was jetzt schon in Gott hineinragt. Die Sehnsucht nach Gott kann ich auch mitten in einem Gespräch, mitten in der Arbeit, mitten in einer Sitzung wahrnehmen. Wenn ich mich an meine

Sehnsucht erinnere mitten im Alltag, dann bete ich öfter, als meine bewussten Gebete es den Menschen anzeigen. Aber es ist ein verborgenes Gebet. Von diesem Gebet gilt das Wort Jesu: „Du aber geh in deine Kammer, wenn du betest, und schließ die Tür zu; dann bete zu deinem Vater, der im Verborgenen ist. Dein Vater, der auch das Verborgene sieht, wird es dir vergelten." (Mt 6,6) Die Sehnsucht, das unablässige Gebet, ist in der verborgenen Kammer meines Herzens. Dort begegne ich Gott, der genauso verborgen in meinem Herzen ist. Und dann bin ich im Gebet, so wie es die Mönche verstanden.

8 Innere Unruhe

Man erzählte vom Altvater Johannes: Als er sich einmal in der Sketis zur Kirche begab und dort hörte, wie
einige Brüder sich stritten, kehrte er in sein Kellion zurück. Dreimal ging er um es herum, dann erst trat er ein.
Einige Brüder, die das beobachtet hatten, aber sich
nicht denken konnten, warum er das tat, kamen zu ihm
und fragten: Er aber antwortete: „Meine Ohren waren
von den Streitereien voll, ich ging deshalb herum, um sie
zu reinigen, damit ich in Ruhe in mein Kellion eintreten
konnte." *Apo 340*

Johannes Kolobos war einer der alten Mönchsväter.
Sein Name bedeutet: der Kleine oder der Kurze. Er
starb um 450 in der ägyptischen Wüste. Sein Verhalten, dreimal um sein Kellion herumzugehen, bevor er
eintritt, verstehen seine Mitbrüder nicht. Am Sonntag
kamen die Einsiedler der ägyptischen Wüste zum Gottesdienst zusammen. Das sollte sie stärken auf ihrem
geistlichen Weg. Doch offensichtlich gab es bei diesen
sonntäglichen Zusammenkünften auch Streit zwischen
den Mönchen. Die Mönche, die sich einer harten As-

kese unterwarfen, hatten auch ihre Schattenseiten. Und diese Schattenseiten zeigten sich oft in Rechthaberei oder im harten Urteil anderen gegenüber. Abbas Johannes erlebte bei seinem sonntäglichen Gottesdienstbesuch, wie sich einige Brüder stritten. Er wandte sich sofort von ihnen ab und kehrte in sein Kellion zurück. Doch er konnte die Worte, die er von den streitenden Brüdern gehört hatte, nicht von sich abschütteln. Da ging er dreimal um das Kellion herum. Er versuchte, durch Gehen sich frei zu gehen von den Streitereien, die seine Ohren noch erfüllten. Er wollte nicht in sein Kellion gehen, bevor er nicht von diesen Streitereien gereinigt war.

Was Abbas Johannes da für sich geübt hat, das wäre auch für uns heute eine gute Übung. Oft bringen wir die Konflikte mit andern Menschen bei der Arbeit oder in der Nachbarschaft mit in unsere Wohnung. Wir denken ständig darüber nach, was die andern zueinander gesagt hatten. Noch schlimmer ist es, wenn wir verletzende Worte, die jemand uns gesagt hat, mitnehmen in unsere Wohnung. Dann ist unsere Wohnung bald von Streitereien erfüllt oder aber von den verletzenden Worten. Da ist es wichtig, dem Menschen, der mich verletzt hat, Hausverbot zu erteilen: Daheim denke ich nicht über ihn nach. Ich erweise ihm nicht die Ehre, mein Abendessen noch von ihm stören zu lassen. Ich kann das beim Öffnen der Haustüre tun, indem ich mit aggressiver Kraft alle Eindringlinge von mir fernhalte oder –

falls sie schon eingedrungen sind – aus meiner Wohnung herauswerfe. Oder ich kann es – ähnlich wie Altvater Johannes – durch Wandern oder Laufen aus meinem Kopf herausbringen. Ich kann meinen Geist zuerst reinigen, indem ich mich von den negativen Gedanken durch Wandern oder Laufen befreie. Sören Kierkegaard sagt einmal: „Ich kenne keinen Kummer, von dem ich mich nicht freigehen kann." Offensichtlich ist das Gehen eine gute Übung, den Geist von negativen Gedanken zu reinigen. Und nur mit gereinigten Gedanken soll ich meine Wohnung betreten. Meine Wohnung ist ein Heiligtum, zu dem das Unheilige des Streites keinen Zutritt hat.

9 Der Grundstein

Altvater Johannes Kolobos sprach: „Es ist unmöglich, ein Haus von oben nach unten zu bauen, sondern vom Grund aus muss es in die Höhe." Sie fragten ihn: „Was ist der Sinn dieses Wortes?" Er antwortete ihnen: „Der Grundstein ist der Nächste, dass du ihn gewinnst. Das muss am Anfang stehen, davon hängen alle anderen Weisungen des Herrn ab." (Mt 22,39 f) *Johannes Kolobos 39, Apo 354*

Man wirft den Wüstenvätern vor, dass sie mit ihrer harten Askese allzusehr um sich selbst gekreist sind, dass es ihnen also um asketische Höchstleistungen im Fasten und im Wachen ging. Doch Johannes Kolobos zeigt uns, worauf es eigentlich ankommt. Das Fundament, auf dem wir unser Lebenshaus bauen müssen, ist der Nächste. Johannes wird hier der Forderung Jesu gerecht, der die Nächstenliebe neben der Gottesliebe als zentrales Gebot verstanden hat (vgl. Mt 22,39 f). Unsere ganze Askese zielt darauf ab, dass wir fähig werden, den Nächsten zu lieben. Der Kampf mit den Leidenschaften, etwa mit Zorn und Traurigkeit, aber auch mit der eigenen Gier, hat letztlich den Sinn, dass wir eine gute Beziehung zum Nächsten aufbauen. Wenn ich meinen Zorn nicht beherrschen kann, vermag ich auch den Nächsten nicht zu gewinnen. Wenn ich übermäßig esse, verschließe ich mich gegenüber dem Nächsten. Ich kann ihn dann gar nicht mehr spüren. Der Kampf mit den Leidenschaften hat also immer schon zum Ziel, den Nächsten für sich zu gewinnen, wie der Altvater es ausdrückt.

Was heißt: den Nächsten zu gewinnen? Für mich ist das mehr, als ihn zu lieben. Ihn zu gewinnen, meint, dass eine gute Beziehung entsteht, dass einer für den andern ein Gewinn ist. Wenn einer den anderen gewinnt, ist das eine schöne Beschreibung von Freundschaft. Einer ist für den anderen eine Bereicherung. Einer lernt vom andern. Für die Mönche, die ja Einsiedler waren, war also eine gute Beziehung zum Nächsten das Entscheidende. Es gibt auch viele Vätersprüche, die eine einseitige Askese kritisieren, die den Mönch nur um sich kreisen lässt. Evagrius Pontikus beschreibt daher die Sanftmut als das eigentliche Kennzeichen echter Askese. Sanftmut ist ein Beziehungsbegriff und meint immer schon das Verhältnis zum andern Menschen. Wenn ich durch meine Askese hart werde gegenüber dem Mitmenschen, wenn ich ihn verurteile, wenn ich ihn richte, weil er keine so konsequente Askese betreibt, dann habe ich nichts vom Geist Jesu Christi verstanden. Die Mönchsväter richteten sich durchaus nach den Worten Jesu. Sie wollten durch ihre Askese offen werden für den Geist Jesu und fähig werden, seine Weisungen nicht nur äußerlich zu befolgen, sondern von innen heraus. Daher war erst die Reinigung des Inneren nötig, damit dann auch gute Beziehungen mit den Menschen möglich wurden.

10 Deine Sünden, meine Sünden

Ein Bruder in der Sketis war gefallen. Man hielt eine Versammlung ab und schickte zu Abbas Moses. Der aber wollte nicht kommen. Daraufhin sandte ihm der Priester den Auftrag: „Komm, denn das Volk erwartet dich!" Moses erhob sich und kam. Er nahm einen durchlöcherten Korb, füllte ihn mit Sand und nahm ihn auf die Schulter. Die Brüder gingen ihm entgegen und sagten zu ihm: „Was ist das, Vater?" Da sprach der Greis: „Das sind meine Sünden. Hinter mir rinnen sie heraus, und ich sehe sie nicht, und nun bin ich heute gekommen, um fremde Sünden zu richten." Als sie das hörten, sagten sie nichts mehr zu dem Bruder, sondern verziehen ihm. *Moses 2, Apo 496*

Es ist heute modern, über andere Menschen zu richten. Sobald ein Politiker oder ein Unternehmer einen Fehler macht, stürzt sich die ganze Nation auf ihn und hält Gericht über ihn. Man entrüstet sich über ihn und empört sich. Es gibt heute eine regelrechte Entrüstungskultur und Empörungskultur. Ich werde oft vom Fernsehen angerufen, um über den oder jenen Menschen und sein Fehlverhalten etwas zu sagen. Man erwartet von mir moralische Entrüstung. Doch ich sage immer: Über Personen sage ich gar nichts. Wenn ich einen Menschen nicht kenne, sage ich auch nichts über sein Verhalten. Ich habe keine Lust, mich über andere zu entrüsten und ihnen so, ihren Schutz zu nehmen, ihre „Rüstung" oder den Schmuck, der sie ziert. Und ich habe keine Lust, mich über andere auf Befehl zu empören, mich über sie zu stellen, um von der Empore aus auf sie herabzuschauen und über sie Gericht zu halten.

Die Tendenz, über andere, die einen Fehler machen, Gericht zu halten, gab es schon bei den frühen Mönchen. Da war ein Bruder gefallen. Was seine Sünde war, wird nicht gesagt. Aber sie war für die andern offensichtlich geworden. Jetzt halten die Mönche eine Versammlung ab, um den Bruder zu verurteilen und vielleicht zu bestrafen. Zu dieser Versammlung hätte man gerne den berühmten Mönch Mose eingeladen, damit er mit seinem Urteil der Versammlung Gewicht verleiht. Mose war ein dunkelhäutiger Mönch. Er war früher Sklave. Doch sein Herr jagte ihn wegen eines Diebstahls fort. Dann schloss er sich einer Räuberbande an und wurde ihr Hauptmann. Er bekehrte sich und wurde ein frommer und demütiger Mönch. Bei seinen Mitbrüdern galt er als heiligmäßiger Mönch. Mose will zuerst nicht kommen. Doch auf das Drängen des Priesters kommt er und hält mit einer symbolischen Handlung den Brüdern eine Predigt, die sie nie mehr vergessen werden. Mose verurteilt niemanden, auch nicht die Versammlung. Doch durch seine symbolische Handlung – der durchlöcherte Korb, aus dem der Sand rinnt – zeigt er, was die Mönche mit dem Bruder anstellen. Jeder von uns trägt einen Korb voller Sünden. Aber wir halten den Korb so, dass die Sünden hinter uns herausrinnen und wir sie nicht sehen. Mit so einem Korb auf den Schultern sollten wir lieber niemanden richten. Die Mönche verstehen diese Predigt. Anstatt über den Bruder zu urteilen, verzeihen sie ihm.

Manchmal bräuchten wir auch heute einen Abbas Mose, der durch seine symbolische Handlung all das richtende Geschrei der Menge zum Verstummen bringt, nicht indem er die Menge verurteilt, sondern indem er ihnen einen Spiegel vor Augen hält, der es ihnen unmöglich macht, über andere zu richten. Abbas Mose drückt durch seine symbolische Handlung aus, was Jesus den Pharisäern gesagt hat, die ihm die Ehebrecherin brachten: „Wer von euch ohne Sünde ist, werfe den ersten Stein!" (Joh 8,7) Die Mönche haben dieses Wort Jesu so interpretiert: „Wenn du einen andern sündigen siehst, sage: Ich habe gesündigt." Wir sollen den Fehler des andern als Spiegel sehen, in dem wir unsere eigenen Fehler anschauen. Dann vergeht uns das Urteilen. Wir werden wie Abbas Mose barmherzig mit dem Fehler des andern umgehen. Denn wir sehen im Fehler des andern unsere eigenen.

11 Verfressener Esel

Es sprach Abbas Makarius: „Als ich jünger war, verfiel ich im Kellion der akedia. Da ging ich hinaus in die Wüste und sprach zu meinem logismos (zu meinem Gedanken): ‚Wenn du jemandem begegnest, bitte ihn um Hilfe.' Und ich fand einen Knaben, der junge Kühe weidete, und sprach zu ihm: ‚Was soll ich tun, Kind, da ich hungere?' Er sprach zu mir: ‚Iss doch.' Wiederum sagte ich: ‚Ich habe gegessen und hungere wieder.' Wiederum sprach er zu mir: ‚Dann iss wieder.' Und wiederum sagte ich: ‚Ich habe gegessen und hungere wieder.' Dann sprach er zu mir: ‚Vielleicht bist du ein Esel, weil du immer fressen willst.' Da war mir geholfen, und ich ging weg." *N 490 A*

Es ist ein recht humorvoller Väterspruch, den uns da Abbas Makarius überliefert. Makarius war einer der großen Väter der Wüste. Ursprünglich war er verheiratet, von Beruf Kameltreiber. Mit 30 Jahren wurde er Mönch und lebte 60 Jahre als Einsiedler. Makarius wird von der akedia geplagt. Akedia ist die Unfähigkeit, im Augenblick zu sein. Man hat weder Lust zum Arbeiten, noch zum Beten, ja nicht einmal zum Nichtstun. Der

Dämon der akedia – so sagen die Mönche – zerreißt die menschliche Seele. Ich bin immer unzufrieden und kann nie dort sein, wo ich gerade bin. In seiner Verzweiflung sagt sich der Mönch: Ich gehe einfach nach draußen. Und dem ersten, dem ich begegne, sage ich mein Problem. Der große Mönch begegnet einem Kind, das auf sein Problem sehr nüchtern antwortet. Auf die Frage: Was soll ich tun, da ich hungrig bin?, antwortet das Kind spontan: „Dann iss halt!" Als er wieder von seinem Hunger spricht, wiederholt das Kind seine Aufforderung. Für das Kind ist das kein Problem. Doch als der Mönch davon spricht, dass er trotz oftmaligen Essens immer noch hungrig ist, antwortet das Kind: „Vielleicht bist du ein Esel, Vater, da du immer fressen musst." Dieses recht drastische Bild hilft dem Mönch. Er erkennt, dass er wie ein Esel ständig hungrig ist. Er besinnt sich durch den Vergleich mit dem Esel auf sein Menschsein. Das Kind bewahrt ihn davor, aus seinem Problem eine wichtige spirituelle Frage zu machen. Das Kind macht ihn demütig. Und es konfrontiert ihn mit seiner Esel-Seite. Wenn er die akzeptiert, findet er einen Weg, damit umzugehen.

12 Bissiger Hund

Ein Alter sagte: „Wenn du in der Wüste als Hesychast weilst, bilde dir ja nicht ein, dass du etwas Großes tust, sondern halte dich vielmehr wie einen Hund, den man von der Menge weggejagt und angebunden hat, da er beißt und die Menschen belästigt." *N 573*

Die große Gefahr der Mönche war, dass sie sich etwas auf ihren spirituellen Weg einbildeten, dass sie sich für besser hielten als die Weltleute. In diesem Väterspruch wird etwas humorvoll geschildert, wie der Mönch sich selbst sehen soll. Er ist in die Wüste gegangen, weil er wie ein Hund ist, der andere beißt und anfällt, der ihnen lästig fällt. Die Askese in der Wüste ist gleichsam wie eine Zähmung des Hundes. Der Mönch schützt die Welt vor sich selbst. Denn wenn er so bliebe wie zuvor, wäre er ein bissiger Hund, der vielen anderen schaden würde. So treibt der Mönch gleichsam emotionalen Umweltschutz. Er schützt die Umwelt vor seiner eigenen Aggressivität und Unzufriedenheit. Die Mönche dachten so: Wenn ich dort, wo ich bin, das Bissige und Aggressive zähme, dann leiste ich einen Beitrag für die Humanisierung der Gesellschaft. Ich schütze die andern vor meiner Aggressivität. Aber wenn ich den bissigen Hund in mir zähme, dann ist das auch eine Hilfe für die anderen Menschen. Sie können ruhiger leben. Es geht nicht darum, den Hund zu töten, sondern ihn zu zähmen. Und ein gezähmter Hund bewirkt keine Angst mehr in den andern Menschen.

Das Bild vom bissigen Hund bewahrt aber den Mönch davor, sich über die anderen zu erheben. Der Mönch ist nicht in die Wüste gegangen, weil er spiritueller ist als die anderen, sondern weil er es nötig hat, weil er sonst ein bissiger Hund bliebe, der den Menschen lästig fällt und sie anfällt. Nicht weil er besonders gut ist, sondern weil er besonders schwach ist, lebt er jetzt in der Wüste. Auf diese Weise schützt er die Menschen vor sich selbst. Und wenn die Menschen dann einen gezähmten Hund in der Wüste besuchen, bekommen sie Hoffnung, dass sie mit ihren eigenen Leidenschaften auch besser umgehen können, dass sie die Kraft in sich finden, sich selbst zu zähmen.

13 Trauer hilft

Ein Bruder fragte Abbas Poimen und sagte: „Was fange ich mit meinen Sünden an?" Der Greis sagte: „Wer sich von seinen Sünden reinigen will, der reinigt sie durch Beweinen. Und wer Tugenden erwerben will, der erwirbt sie durch Weinen. Denn das Weinen ist der Weg, den uns die Schrift überliefert hat und auch unsere Väter, indem sie sagten: Weinet! (Vgl. Lk 6,21) Einen anderen Weg als diesen gibt es nicht!" *Poimen 119, Apo 693*

Dass wir Fehler machen und unseren eigenen Idealen immer wieder zuwider handeln, das liegt offensichtlich in unserer menschlichen Natur begründet. Die Mönche haben versucht, die Reinheit des Herzens zu erreichen. Das ist ein Zustand, in dem sie nicht mehr von den Leidenschaften beherrscht werden. Aber trotz aller Askese haben die Mönche immer wieder gesündigt. Sie sind ihrem Ideal nicht treu geblieben. So ein Mönch, der gesündigt hat – was auch immer diese Sünde war – kommt nun zu Abbas Poimen und fragt, wie er mit seinen Sünden umgehen soll. Unsere normale Reaktion ist, dass wir die Sünden entweder überspringen, so tun, als ob alles in Ordnung ist. Oder aber wir nehmen uns fest vor, niemals mehr zu sündigen. Doch das gelingt nicht. Eine andere Art, auf seine eigene Sünde zu reagieren, ist: sein Leben lang im Bußgewand herumzulaufen und sich selber schlecht zu machen.

Poimen gibt einen anderen Rat: Wer einen Fehler gemacht hat, soll sich selbst beweinen, der soll sich selbst betrauern. Die spirituelle Haltung, die Poimen hier empfiehlt, ist „penthos". Wir würden heute in unserer psychologischen Sprache „penthos" als Betrauern beschreiben. Ich weine über mich selbst. Ich betrauere mich selbst. Die Sünde hat gezeigt, dass ich nicht so ideal bin, wie ich das gerne sein möchte. Ich bin enttäuscht über mich selbst. Manche reagieren auf diese Enttäuschung mit Traurigkeit, Selbstmitleid, mit Selbstzerfleischung und Selbstvorwürfen oder aber mit Oberflächlichkeit. Ich soll mich dem Schmerz der Enttäuschung stellen. Betrauern heißt, dass ich durch den Schmerz hindurchgehe, dass ich gesündigt habe. Die Sünde tut uns normalerweise ja nicht wegen Gott leid, sondern unseretwegen. Denn die Sünde zerstört mein Bild von mir. Ich dachte, ich sei ein spiritueller Mensch. Ich bemühe mich, nach Gottes Willen zu leben, achtsam und bewusst zu leben, freundlich zu sein und zu lieben. Aber dann handle ich doch anders. Ich verletze jemanden mit meinen Worten, mit meinem Verhalten. Viele beschuldigen und beschimpfen sich dann. Betrauern heißt etwas anderes: Ich

gehe durch den Schmerz meiner Sünde und meiner Enttäuschung über mich hindurch, um in den Grund meiner
Seele zu gelangen. Meine Sünde wird dann zum Weg in
den Grund meiner Seele. Dort im Grund meiner Seele
– so sagt Poimen – werde ich frei von der Sünde und ich
erwerbe die Tugend. Was heißt das? Auf dem Grund
meiner Seele ist ein Raum der Stille, zu dem die Sünde
keinen Zutritt hat. Dort bin ich frei von meinen Sünden.
Und auf dem Grund meiner Seele entdecke ich auch das
Potential an Fähigkeiten, die mir Gott geschenkt hat.
Dort kann ich Ja sagen zu mir selbst. Dort spüre ich, dass
ich nicht nur Sünder bin, sondern dass ich von Gott gut
geschaffen worden bin, dass Gott mir gute Gaben, gute
Fähigkeiten – eben Tugenden – geschenkt hat. So ist
das Betrauern ein Weg, frei zu werden von Sünden und
Schuldgefühlen und zugleich in Berührung zu kommen
mit den Tugenden, die auf dem Grund meiner Seele in
mir bereitliegen, um von mir auch praktiziert zu werden.

14 Keine Ausflüchte

Jemand sagte zum Altvater Arsenios: „Meine Gedanken quälen mich, indem sie mir sagen: Du kannst nicht fasten und auch nicht arbeiten, so besuche wenigstens die Kranken. Denn auch das ist Liebe." Der Greis aber, der den Samen der Dämonen kannte, sagte zu ihm: „Geh und iss, trinke und schlafe, und arbeite nicht. Nur verlass dein Kellion nicht!" Er wusste nämlich, dass das Ausharren im Kellion den Mönch in seine rechte Ordnung bringt.
Arsenios 11, Apo 49

Der junge Mönch meint es gut. Er möchte ein gutes Werk tun, das ihm möglich ist. Für die Askese fühlt er sich zu schwach und auch für die Handarbeit. Aber er möchte wenigstens Kranke besuchen. Kranke zu besuchen gehört zu den Werken der Barmherzigkeit, zu der uns Jesus aufgerufen hat. Doch der Altvater Arsenios sieht in dem Wunsch, die Kranken zu besuchen, eine Versuchung. Arsenios stammte aus einem römischen Senatorengeschlecht und war Erzieher am Hof des Kaisers Theodosius in Konstantinopel. Die Oberflächlichkeit und Unehrlichkeit am Hof hat ihn in die

Wüste getrieben. Dort wollte er seiner eigenen Wahrheit begegnen. Und so ist es ihm auch ein Anliegen, den jungen Mönch zu seiner Wahrheit zu führen. Arsenios erkennt im Wunsch des jungen Mönches, Kranke zu besuchen, eine Flucht vor der Auseinandersetzung mit sich selbst. Der junge Mönch müsse erst einmal bei sich selbst sehen, was in ihm ist, warum er nicht fasten und arbeiten kann. Und um das zu klären, solle er im Kellion bleiben. Er muss in seiner Zelle auch gar keine Askese treiben. Er darf alles machen, nur soll er das Kellion nicht verlassen. Dann wird er mit sich selbst konfrontiert. Nur so begegnet er seiner eigenen Wahrheit.

Was der Altvater dem jungen Mönch rät, ist auch heute höchst aktuell. Schon Blaise Pascal erkannte für seine Zeit, dass das ganze Unglück des Menschen damit beginnt, dass er nicht mehr allein in seinem Zimmer bleiben kann. Heute ist die Versuchung, sich abzulenken, sei es durch Fernsehen oder Internet oder Handy, noch viel größer. Viele suchen nach Ruhe. Aber sobald nichts los ist, müssen sie die Stille mit irgendwelchen Aktivitäten füllen. Sie surfen im Internet oder schalten den Fernseher ein. Es täte uns gut, einmal nichts tun. Keine Ablenkung also, sondern einfach im Zimmer bleiben und sich fragen: Stimmt es mit mir? Stimmt mein Leben? Was bewegt mich wirklich? Was möchte ich mit meinem Leben? Welche Spur möchte ich eingraben in diese Welt?

Unser Leben bietet so viele Fluchtmöglichkeiten. Doch schon Jesus sagt: Nur die Wahrheit wird euch frei machen. Nur wer es mit sich selber aushält, nur wer sich mit seiner Wahrheit konfrontiert und diese Wahrheit in Gottes Barmherzigkeit hineinhält, vermag gelassen zu leben, in innerer Freiheit und Ehrlichkeit.

15 Ungereinigte Saat

Ein Bruder sprach zum Altvater Poimen: „Wenn ich meinem Bruder ein wenig Brot oder etwas anderes gebe, dann entwerten es die Dämonen: es sei gegeben, um den Menschen zu gefallen." Der Greis sagte: „Auch wenn es aus Gefallsucht geschieht, so wollen wir doch dem Bruder das Nötige geben." Er legte ihm folgendes Gleichnis vor: „Zwei Männer, die Bauern waren, wohnten in der gleichen Stadt. Der eine davon säte nur wenig Saatgut und zwar ungereinigtes, der andere sparte sich das Säen und erntete überhaupt nichts. Wenn nun eine Hungersnot auftritt, wer von den beiden wird zu leben haben?" Der Bruder antwortete: „Der, der wenig und Ungereinigtes gesät hat." Da sagte der Greis zu ihm: „Lasst uns wenigstens ein wenig und wenn auch Ungereinigtes säen, damit wir nicht Hungers sterben." *Poimen 51, Apo 625*

Es ist ein tröstliches Wort, das Poimen an den Bruder richtet. Die Erfahrung des Bruders kennen wir alle. Wir bemühen uns, andern zu helfen. Wir engagieren uns für die Kirche, für die Gemeinde, für die Firma. Wir setzen uns für andere ein. Und dann erkennen wir eines Tages: Bei allem Guten, das wir tun, gibt es immer auch egoistische Motive. Wir wollen gut vor den Menschen dastehen. Wir wollen uns selbst beweisen, dass wir gute Christen sind. Manchmal kann so eine Einsicht in die Resignation führen – wie beim Propheten Elija, der auf einmal erkannte: „Ich bin ja auch nicht besser als meine Väter. Ich habe ja die gleichen Tendenzen in mir, die ich bei andern bekämpft habe."

Poimen zeigt uns in seinem Gleichnis einen Weg in die Freiheit und zugleich in die Demut. Ja, auch wenn wir ungereinigtes Getreide säen, haben Menschen durch uns etwas zu essen. Und das ist wichtiger, als sich auf absolut reine Motive zu fixieren. Vor lauter Reinheit der Motive kommt dann von uns nichts, was die andern nähren könnte. Wir kreisen in dieser Sucht nach absoluter Reinheit letztlich nur um uns selbst. Wenn wir das Saatgut so aussäen, wie wir es zur Verfügung haben – mit all unseren egozentrischen Motiven –, dann sollten wir uns auf unsere Hilfe nichts einbilden. Da mögen wir manches auch für uns selbst und unser eigenes Image machen. Aber das ist nicht so schlimm. Wenn wir das in aller Demut eingestehen, geht von uns doch etwas Nährendes aus. Und wir hören auf, um uns und unsere innere Reinheit zu kreisen. Wir schauen auf die Menschen um uns herum und erkennen, dass sie Nahrung brauchen – leibliche wie seelische Nahrung. Und wir sollen sie ihnen geben, ganz gleich, ob unsere Motive immer ganz rein sind.

16 Wertverlust

Amma Synkletika sagte: „Wie ein Schatz, der ans Licht gehoben ist, an Wert verliert, so verschwindet eine Tugend, wenn sie bekannt und öffentlich gemacht wird. Und wie das Wachs angesichts des Feuers sich auflöst, so zerfließt auch die Seele durch Lobeserhebungen und wirft ihre Mühe wieder weg." *S3/900a Schweizer II 994*

Firmen halten es heute mit dem Spruch: „Tu Gutes und rede davon." Sie wollen die Wohltaten, die sie andern erweisen, öffentlich machen, um Aufmerksamkeit zu erzielen und den Umsatz zu steigern. Amma Synkletika, eine Frau, die in der Wüste lebte und sich als Einsiedlerin einen Namen gemacht hat (sie starb etwa um 400 im Alter von 84 Jahren), sieht das anders. Wenn wir unsere Tugend allzu deutlich ans Licht ziehen, damit alle sie sehen, dann verschwindet sie. Die Tugend braucht die Verborgenheit, genauso wie ein Schatz verborgen sein muss. Denn wenn er allen gezeigt wird, verliert er an Wert. Und oft genug wird das Licht ihm schaden. Das erleben wir bei kostbaren Büchern, die vergilben, wenn sie dem Licht ausgesetzt werden.

Doch das Wort von Amma Synkletika scheint im Widerspruch zu stehen zum Wort Jesu, dass wir unser Licht auf den Leuchter und nicht unter den Scheffel stellen sollen: „So soll euer Licht vor den Menschen leuchten, damit sie eure guten Werke sehen und euren Vater im Himmel preisen." (Mt 5,16) Doch Jesus hat hier die christliche Gemeinde im Blick. Sie soll durch ihr Wirken nach außen Zeuge für das Reich Gottes sein. Durch sie soll das Licht Gottes unter den Menschen aufstrahlen. Jesus fordert uns nicht auf, unsere Tugenden so zu zeigen, dass die Leute uns loben. Vielmehr sollen sie den Vater im Himmel preisen, wenn sie sehen, wie wir uns von seinem Licht anstecken lassen und in seiner Kraft gute Werke tun.

Amma Synkletika hat den einzelnen im Blick. Er soll sich vom Geist Jesu durchdringen lassen und die Tugend erwerben, mit der er im Sinne Jesu lebt und Gutes nach außen tut. Sie hat das andere Wort Jesu im Blick, dass wir im Verborgenen beten und fasten und Almosen geben sollen. Denn wenn wir unsere Frömmigkeit zur Schau stellen, verfehlen wir das eigentliche Ziel der Frömmigkeit: für Gott offen zu werden und sich ganz und gar Gott hinzugeben. Wir leben immer in der Spannung: Auf der einen Seite sollen die Menschen an uns erkennen, dass wir aus dem Geist Jesu leben. Auf der anderen Seite sollen wir uns nicht als Beispiel eines tugendhaften Menschen anpreisen. Es braucht den Raum der Intimität und Verborgenheit, um wirklich Gutes zu tun. Ein Gespräch, in dem ich einem andern helfe, braucht die Atmosphäre von Verschwiegenheit und Vertrauen. Und gerade meine Beziehung zu Gott, in der ich mich ganz und gar für Gott öffne und mich ihm hingebe, braucht die Verborgenheit. Ich kann nicht angeben mit meinem Beten, mit meiner Spiritualität. Ob ich spirituell bin oder nicht, das zeigt sich nicht in langen Gebeten oder Meditationen, sondern an meiner Ausstrahlung nach außen. Da wird dann sichtbar, ob ich vom Licht Jesu durchdrungen bin oder nur meine Tugend übe, um von andern anerkannt zu werden. Wenn ich in dieser Weise meine Tugend ans Licht hebe, wird sie verschwinden oder wie Wachs in der Sonne zerfließen.

17 Der Diebstahl

Man sagte über einen Bruder, der einem großen Alten benachbart war, dass er in dessen Kellion ging und stahl. Der Alte sah es und überführte ihn nicht, sondern arbeitete noch mehr und sprach: „Vielleicht hat der Bruder es nötig." Und der Alte hatte viel Bedrängnis und fand mit Notdurft sein Brot. Als der Alte sterben sollte, versammelten sich die Brüder um ihn, und er sah den, der ihn bestohlen hatte, und sprach: „Nähere dich mir." Und als er seine Hände geküsst hatte, sprach er: „Ich danke diesen Händen, denn ihretwegen gehe ich in das Himmelreich." Der aber war zerknirscht und bereute, und er wurde selber ein bewährter Mönch wegen der Handlungsweisen, die er beim großen Alten sah. *N 339*

Auf den ersten Blick ist die Verhaltensweise des Altvaters uns eher verwunderlich. Er stellt den Dieb nicht zur Rede, sondern entschuldigt ihn noch mit dem Gedanken: Vielleicht braucht er das Geld, das er mir stiehlt. Und er arbeitet für den Bruder mit. Doch für ihn wird die Arbeit hart. Normalerweise werden wir bitter, wenn wir auch für den andern noch arbeiten müssen, der nichts tut. Und noch schneller steigt die Wut in uns hoch, wenn wir auch noch für den uns abmühen sollen, der uns bestiehlt, der uns schadet. Doch der Mönchsvater lässt sich vom Dieb herausfordern, noch härter an sich zu arbeiten. Die Mühe, die er für die körperliche Arbeit braucht, öffnet ihn auch für Gott. Er spürt seine Liebe zu Gott in der Mühe der Arbeit leibhaft.

Als nun der Alte zum Sterben kommt, küsst er die Hände des Diebes und dankt ihnen, dass er ihretwegen in das Himmelreich eingeht. Der, der ihm Mühsal bereitet hat, war auch eine Herausforderung, ein gutes Leben zu führen. Der Dieb – so meint der alte Mönch – hat ihn davor bewahrt, leichtsinnig zu werden und in Versuchung zu fallen.

Diese Sichtweise ist uns fremd. Doch wenn wir manche Bedrängnis, die wir durch Mitmenschen erleiden, so deuten würden wie der alte Mönch, täte es uns durchaus gut. Normalerweise jammern wir entweder über die schlimmen Mitmenschen, die einem das Leben schwer machen. Oder wir wehren uns gegen sie. Wir verbrauchen viel Energie, um uns vor ihnen zu schützen oder sie zu bekämpfen. Der Mönchsvater verwendet diese Energie für seinen eigenen Weg. Und das stärkt ihn in seiner Bewährung. Der Mensch, der uns eine Last ist, kann uns auch herausfordern, stärker zu werden. Und der, der uns schadet, kann auch zu einer Chance werden, uns noch intensiver auf den Weg zu Gott zu machen. Wer uns bekämpft, kann uns auch zu Gott treiben, wenn wir es so sehen wie der Mönchsvater. Und diese Sichtweise täte uns besser. Denn wir würden dann nicht passiv auf das Fehlverhalten des andern reagieren. Wir würden uns nicht als Opfer fühlen. Wir würden vielmehr aus der Opferrolle aussteigen und das Verhalten des andern verwandeln in einen Antrieb zum spirituellen Wachsen. Damit aber befreien wir uns von der Macht des andern. Wir reagieren nicht auf sein Fehlverhalten, sondern wir gehen in die Aktion. Wir nehmen unser Leben selbst auf neue Weise in die Hand.

18 Vergebung

Ein Bruder machte einen Ersatzschlüssel und öffnete das Kellion eines seiner Nachbarn und nahm dessen Geld. Der Alte aber schrieb auf ein Papierblatt: „Herr, Bruder, wer du auch seist, tu mir den Liebesdienst und lass mir die Hälfte meines Bedarfs." Und er tat das Geld in zwei Teile und legte auch das Papier hin. Jener aber drang wieder ein, zerriss das Papier und nahm das Ganze. Nach zwei Jahren lag er im Sterben, aber seine Seele ging nicht hinaus. Nachdem er den Alten hatte rufen lassen, sagte er zu ihm: „Bete für mich, Vater. Ich war es, der dein Geld gestohlen hat." Und es sagte der Alte: „Warum hast du es nicht eher gesagt?" Gleichwohl, nachdem er gebetet hatte, vergab er ihm. *N 7 Schweizer II 1007*

Die Mönchsgeschichte zeigt, dass auch eine religiöse Atmosphäre – wie sie die ägyptische Wüste darstellt – den Menschen nicht vor seiner Gier zu bewahren vermag. Da ist ein Mönch, der einen anderen bestiehlt. Der bestohlene Mönch erweist sich als großzügig. Er vergibt dem Dieb, bittet ihn nur, dass er das nächste Mal nur die Hälfte mitgehen lässt, damit er mit der anderen Hälfte einigermaßen über die Runden kommt. Doch der Dieb lässt sich durch diese Großzügigkeit nicht beeindrucken. Er nimmt alles. Doch – so sagt die Geschichte – ich kann nicht ohne Konsequenzen gegen mein inneres Gewissen handeln oder leben. Irgendwann wird mich das Leben einholen und mich mit meiner falschen Lebensweise konfrontieren. Der Dieb wird krank. Seine innere Zerrissenheit lässt ihn auf Dauer nicht gesund weiterleben. Die Krankheit konfrontiert den Dieb mit seiner Wahrheit. Und jetzt ist er bereit, die Wahrheit zu sagen. Er lässt den Alten, den er bestohlen hat, zu sich kommen und bittet ihn um Vergebung. Ja, der andere soll für ihn beten. Der alte Mönch betet gerne für ihn. Aber er fragt ihn auch: Warum hast du es nicht eher gesagt? Vielleicht hätten wir einen Weg gefunden, deinen Mangel auf eine Weise zu beheben, die dir kein schlechtes Gewissen bereitet hätte. Die Mönchsgeschichte lädt uns ein, offen über unser Tun und über unsere Gedanken zu sprechen. Sobald wir das, was wir gegen unser Gewissen tun, einem andern gegenüber äußern, verliert es seine zerstörerische Macht. Das, was ans Licht gehoben wird, kann auch erleuchtet und verwandelt werden. Die Mönchsgeschichte hat Verständnis für unsere Triebe und Leidenschaften. Aber sie lädt uns ein, sie einem andern zu öffnen, damit wir nicht von unseren Leidenschaften innerlich zerrissen werden.

19 Zeit und Maß

Es sagte ein Alter: „Einen umherschweifenden Geist bringt zum Stehen: Lesen, Wachen und Gebet. Eine brennende Begierde löscht: Hunger, Mühe und Abgeschiedenheit. Den Zorn aber beruhigt: Psalmodie, Langmut (makrothymia) und Barmherzigkeit: und dies soll in geziemenden Zeiten und Maßen geschehen. Das Maßlose und Unzeitige ist kurzzeitig, d. h. es hält nicht lange. Es ist mehr schädlich und nutzt nichts." *Guy 10,25*

Die Mönchsgeschichte erzählt von den drei Gefährdungen, denen der Mönch ausgesetzt ist: seinem umherschweifenden Geist, der heftigen Emotion des Zornes und schließlich der Begierde, also der Gier nach Essen, Sexualität und Besitz. Der Altvater, der hier gefragt wird, gibt gegen jede Gefährdung einen Weg der Überwindung an. Dass unser Geist umherschweift, das kennen wir heute. Wir denken an tausend Dinge. Wir werden ständig abgelenkt von den Informationen, die von außen auf uns einströmen. Dagegen rät der Mönchsvater: Lesen, Wachen und Gebet. Indem ich ein Buch lese, wird mein Geist konzentriert. Er richtet sich auf die

Gedanken, die ich lese. Das tut meiner inneren Unruhe gut. Ich komme zur Ruhe. Ähnlich ist es mit dem Gebet. Ich halte alles, was in mir an Unruhe und Oberflächlichkeit auftaucht, Gott hin. Der umherschweifende Geist ist beziehungslos. Im Gebet bringe ich alles, was in mir ist, in Beziehung zu Gott. Dadurch bekommt mein Geist wieder einen Anker, an dem er sich festhalten kann.

Gier ist für den Buddhismus die eigentliche Gefährdung des Menschen. Auch die Mönche sprechen von der Gier, die den Menschen beherrschen kann. Als Wege, die Gier zu überwinden, nennt der Mönchsvater: Hunger, Mühe und Abgeschiedenheit. Indem wir bewusst einmal den Hunger aushalten, kann die Gier gelöscht werden. Die Gier will ja immer mehr haben. Den Mangel bewusst auszuhalten, überwindet die Gier. Und auch die Mühe, d. h. Wenn ich mich ganz und gar auf die Arbeit einlasse, kommt die Gier zur Ruhe. In der Arbeit ist nicht nur mein Geist, sondern auch mein Leib an etwas gebunden, das ihm gut tut. Die Gier ist ja oft Ersatz für gelebtes Leben. In der Arbeit spüre ich mich selber. Und so spüre ich die Gier nicht mehr.

Gegen den Zorn, die Bitterkeit und den Groll empfiehlt der Mönchsvater das Singen der Psalmen. Das Singen verwandelt den Groll. Singen hat eine heilende Wirkung auf die Seele. Das wussten die Kirchenväter wie Basilius und Gregor. Und auch die Mönche wussten darum. Das Singen beruhigt nicht nur den Groll, sondern verwandelt auch die Traurigkeit in Freude. Gegen den Zorn ist auch ein weites Herz ein gutes Heilmittel. Ein kleinkariertes Herz regt sich über alles auf. Ein weites Herz reagiert gelassen auf die Fehler der Menschen und auf die eigenen Fehler. Und barmherzig zu sein gegenüber sich selbst und den andern, das ist ein guter Weg, den Zorn zu überwinden. Dabei ist Barmherzigkeit nicht nur eine Haltung, sondern sie drückt sich aus im Tun, indem ich mich den Armen zuwende und ihnen helfe. Bei diesen drei Übungswegen soll der Mönch aber immer auf das rechte Maß und auf die richtige Zeit achten. Das Maßlose und das Unzeitige schadet uns nur. Wenn jemand seinen Zorn bekämpfen will, indem er sich jetzt maßlos dem Psalmensingen oder der Barmherzigkeit widmet, dann schadet er sich nur selbst. Ein Gespür für das Maß und für den rechten Augenblick tut gerade uns heute not. Viele wollen sich ständig ändern. Aber sie übertreiben mit ihren Methoden. Sie kämpfen gegen sich selbst. „Alles hat seine Zeit" sagt Kohelet (Koh 3,1). Und alles hat sein Maß. Nur wenn wir das verstehen, kann sich in uns etwas wandeln, der Zorn kann sich in Milde wandeln und die Traurigkeit in Freude. Die drei Wege, die der Mönchsvater dem jungen Mönch rät, sind auch für uns heute noch gangbar. Wir sind nicht verantwortlich für die Gefühle und Leidenschaften, die in uns auftauchen. Aber es ist unsere Verantwortung, darauf zu reagieren und sie zu verwandeln.

20 Auf dem Boden
bleiben

Es sprachen die Alten: „Wenn du siehst, dass ein Jünge-
rer mit seinem Willen in den Himmel aufsteigt, packe ihn
beim Fuße und reiße ihn herunter, es nützt ihm." *N III*

Es gibt junge Menschen, die von der Spiritualität
so fasziniert sind, dass sie nur noch zum Himmel
aufsteigen möchten. Sie kreisen um ihre religiösen Gefühle. Aber sie fliehen damit vor ihrem Alltag. Ich selber
habe 25 Jahre lang Jugendarbeit gemacht und gerne die
jungen Menschen auf ihrem Weg begleitet. Da habe ich
viel Offenheit und Ehrlichkeit erlebt, wie sie mit ihren
Gefühlen und den Konflikten ihres Lebens umgegangen
sind. Und ich habe viel Gespür für echte Spiritualität erfahren. Aber manchmal bin ich auch jungen Menschen
begegnet, die geschwärmt haben, nur Jesus zu lieben
und dass alles andere für sie unwichtig sei. Aber wenn
ich dann genauer nachgefragt habe, habe ich gespürt,
dass diese schwärmerische Liebe zu Jesus eine Flucht
vor dem Chaos ihres Lebens war. Weil sie ihr Leben
nicht gemeistert haben, sind sie in euphorische Gefühle

geflüchtet. Da war Spiritualität keine Hilfe, ihren Alltag zu bewältigen, mit ihrer Einsamkeit und Angst gut umzugehen, sondern eine Flucht in eine Scheinwelt.

Vor dieser Scheinwelt wollen die Mönche einen jungen Mann bewahren, der mit seinem Willen, mit seinem Ehrgeiz meint, er könnte schon zum Himmel aufsteigen. Sie packen ihn an der Ferse und stellen ihn auf die Erde. Er muss erst auf der Erde zurechtkommen, damit er dann in den Himmel aufsteigen kann. Die Mönche nennen das Demut: humilitas. Ich muss mit beiden Füßen auf der Erde stehen, wenn ich einmal zum Himmel aufsteigen möchte. Und die Mönche zitieren immer wieder das Wort Jesu: „Wer sich selbst erhöht, wird erniedrigt. Und wer sich selbst erniedrigt, wird erhöht werden." (Lk 14,11) Durch Hinabsteigen steigen wir auf zum Himmel. Wer sofort aufsteigen will, der wird jählings abstürzen. Das gilt nicht nur für die Karriereleiter. Viele, die alle Kraft in das Aufsteigen verwenden, erkennen dann, wenn sie oben ist, dass da nur Leere ist. Und oft genug stürzen sie dann menschlich ab, manchmal auch auf der Karriereleiter. Sie erkennen, dass es einfach nicht weitergeht. Das gilt auch für den spirituellen Weg. Wer zu schnell aufsteigen möchte, der fällt umso tiefer. Mir erzählte ein Psychologe, dass er bis zum 18. Lebensjahr in einer Pfingstkirche war. Er war sehr fromm und ließ sich von der begeisternden Spiritualität mitreißen. Doch dann gab es einen Bruch. Und er wollte 30 Jahre lang gar

nichts mehr von Gott wissen. Erst mit Ende 40 spürte
er, dass ihm etwas Wesentliches fehlte. Und er versuchte,
die Spiritualität, die er als junger Mensch erfahren hatte,
auf den Boden zu stellen, damit sie heute für ihn stimmt.

21 Leben und Werk

Es sagte ein Alter: „Wehe dem Menschen, wenn sein
Name größer ist als sein Werk." *N 117*

Es gibt Menschen, die große Werke schaffen. Sie
machen wissenschaftliche Erfindungen. Sie grün-
den ein Hilfsprojekt und helfen damit vielen Menschen.
Aber kaum einer spricht von ihrem Werk. Und es gibt
andere, die in der Öffentlichkeit bekannt sind. Aber
das, was sie mit ihrem Leben vorweisen, ist gering. Ein
Mönchsvater sieht die große Gefahr für einen Menschen,
wenn sein Name, sein Bekanntsein, sein Ruf, sein Ruhm
größer ist als sein Werk. Das bläht ihn auf. Das gibt
ihm das Gefühl von Wichtigkeit. Aber dahinter steht
nichts. Letztlich ist er ein armer Mensch. Er sonnt sich
in seinem Ruhm. Aber das, was die andern von ihm halten, ist nicht gedeckt durch sein Leben. Das erzeugt einen inneren Zwiespalt. Der Name ist Schall und Rauch,
sagt das Sprichwort. Das Werk bleibt. Es ist geschaffen.
Der Name ist nur genannt. Aber Worte werden viele
gemacht. Und Worte vergehen wieder. Es kommt darauf an, etwas Bleibendes zu schaffen. Dabei meint das

Werk nicht nur das Haus, das ich gebaut habe, die Firma, die ich habe wachsen lassen, das Projekt, das entstanden ist, die Bücher, die ich geschrieben habe. Das Werk meint vielmehr mein Leben. Wir sprechen von Lebenswerk. Damit meinen wir oft, was ein Wissenschaftler alles erforscht und erkannt und geschrieben hat. Doch Lebenswerk meint eigentlich: das Werk meines Lebens. Ich habe mein Leben so gestaltet, wie es meinem Innersten entspricht. Mein Leben ist zu einem Kunstwerk geworden. Es ist nicht nur schön anzusehen. Es hat in sich Schönheit und Würde und Glanz. Es glänzt nicht nach außen. Es wird von den Medien übersehen. Aber es stimmt vor Gott und es stimmt vor den Menschen, die diesem Menschen begegnen.

So mahnt uns der Mönchsvater, dass wir nicht nach einem großen Namen streben, sondern darangehen sollen, unser Lebenswerk zu bauen, unser Leben so zu gestalten, dass es unserem inneren Wesen entspricht. Dann wird es auch Frucht bringen für andere. Dann wird es zum Segen für andere, ganz gleich, ob die Welt darüber spricht oder nicht. Wenn sie zuviel über mein Lebenswerk spricht, dann bin ich immer in Gefahr, mich aufzublähen und mich größer zu fühlen, als ich bin. Und das tut dem Menschen nicht gut. Das hindert ihn daran, weiter an seinem Werk zu bauen. Er möchte sich ausruhen, weil sein Name ja schon groß genug ist. Doch dieses Ausruhen auf seinem Werk macht das Werk zunichte. Gott vollendet sein Werk, indem er vom Werk ausruht. Das ist etwas anderes. Das Werk auch zu lassen, es stehen zu lassen, anstatt voller Ehrgeiz immer mehr daran zu bauen, das entspricht der Haltung Gottes. Ich brauche ein Gespür dafür, wann ich mein Werk einfach lassen kann. Ich ruhe dann nicht auf meinen Erfolgen aus. Ich finde wirkliche Ruhe. Und die wirkliche Ruhe vollendet das Werk.

22 Nur einmal

Man sprach über einen Alten: Er wohnte mit Brüdern zusammen und bat sie nur ein einziges Mal, eine Sache zu tun. Und wenn sie es nicht taten, stand der Alte auf und tat es selbst ohne Zorn. *N 128*

In unserem Miteinander sind wir immer wieder auf die Hilfe anderer angewiesen. Manche tun sich schwer, andere um einen Gefallen zu bitten. Sie haben Angst vor einem Nein. Das würde sie dann verletzen. Andere dagegen sind Meister darin, zu delegieren und die Arbeit andern zuzuschieben. Wenn uns jemand eine Bitte ausschlägt, reagieren wir oft ärgerlich oder verletzt. Und wir tun dann das, worum wir ihn gebeten haben, selber, aber meistens mit Wut. Wir schimpfen vor uns her: „Alles muss ich selber tun. Keiner hilft mir." Manche Menschen machen lieber alles selbst, weil sie das Gefühl haben, keiner könne es so gut machen wie sie. Aber irgendwann werden sie auch ärgerlich, weil es ihnen zu viel wird und weil sie das Gefühl haben, von den andern ausgenutzt zu werden.

Wir alle kennen unsere eigene Unsicherheit, wenn wir einen anderen um etwas bitten. Von einem Mönchsvater wird erzählt, dass er sehr wohl die Brüder um eine Sache bitten konnte. Aber er bat nur einmal. Er bedrängte sie nicht. Er wurde nicht ärgerlich, dass sie es doch endlich tun sollten. Wir kennen das, wenn ein anderer eine Bitte nicht erfüllt, dann fragen wir ständig nach, wann er es denn nun zu tun gedenke. Natürlich sind wir manchmal darauf angewiesen, dass ein anderer einen Auftrag erfüllt, weil nur er es tun kann. Der Mönchsvater fragte nur einmal. Wenn die Brüder es dann nicht taten, stand er selbst auf und vollbrachte die Aufgabe, aber ohne Zorn. Er wurde nicht ärgerlich. Er wollte den andern nicht ihre Faulheit vor Augen führen. Er tat es einfach. Es mit dieser Ruhe tun zu können, das verlangt eine große innere Gelassenheit. Und es verlangt Demut, damit wir es ohne Vorwurf an die andern tun. Wir sind dann ganz im Tun, anstatt andern etwas demonstrieren zu wollen.

23 Mein Gedanke, dein Gedanke

Es sagte ein Alter: „Wenn du siehst, dass ich einen Gedanken (logismos) habe gegen jemanden, dann hast auch du denselben." *N 132*

Wir erleben häufig die Bemerkung: Der hat etwas gegen mich. Oder: Sie kann die nicht leiden, sie hat etwas gegen sie. Die Erkenntnis des alten Mönches ist: Wer solche Bemerkungen über ein Gegenüber macht, der macht immer auch Aussagen über sich selbst. Wenn ich sage, der andere hat etwas gegen mich, dann sollte ich mich also zuerst einmal prüfen und mich fragen: Habe ich etwas gegen ihn? Und was habe ich konkret gegen ihn? Warum ist er mir nicht sympathisch? Habe ich ein Vorurteil gegen ihn? Oder hat er etwas an sich, was mich ärgert, was ich bei mir selbst nicht annehmen kann? Und wenn jemand zu mir sagt, ich hätte etwas gegen einen Dritten, soll ich natürlich zuerst fragen: Hat er Recht? Habe ich wirklich etwas gegen ihn? Aber ich sollte – so meint der Mönchsvater – auch fragen: Hat der, der das gesagt hat, etwas gegen diesen Menschen?

Versteckt er sich nur hinter dem anderen? Benutzt er nur den anderen, um auf versteckte Weise seine eigenen Vorbehalte oder Aggressionen gegen den Dritten auszudrücken?

Wir müssen bei solchen Aussagen, wie sie der Mönchsvater trifft, immer vorsichtig sein und dürfen keine allgemeingültige Theorie daraus machen. Aber der Mönchsvater möchte uns dafür sensibilisieren, uns zu fragen, was der andere wirklich sagen möchte. Die Magd sagt zu Petrus: „Deine Sprache verrät dich ja." Und so ist es oft bei uns Menschen. Wenn wir darüber reden, dass ein anderer etwas gegen einen Dritten hat, verraten wir oft genug unsere eigenen Ressentiments dem Dritten gegenüber. Wir reden letztlich immer über uns selbst. Nur trauen wir uns oft nicht, unsere Gedanken und Gefühle klar zu benennen. Wir verstecken sie lieber hinter den Gedanken anderer.

24 Im Spiegel

Es erzählte einer: „Drei Arbeitsame (philoponoi: Liebhaber der Mühe) waren Freunde, und der eine zog es vor, Streitende zu befrieden nach dem Wort: Selig die Friedensstifter. Der zweite, die Kranken zu betreuen. Der dritte ging hin, in der Wüste zu ruhen. Der erste nun plagte sich mit den Streitereien der Menschen ab, konnte nicht alle heilen und fiel in die akedia. Er ging zu dem, der den Kranken half, und fand auch ihn nachlässig, da der es nicht erreichte, seinen Vorsatz zu vollenden. Und die beiden beschlossen hinzugehen, um den zu sehen, der die Ruhe pflegte. Sie erzählten ihm ihre Bedrückung und baten ihn, ihnen zu sagen, was richtigzustellen sei. Und er schwieg eine Weile, gab Wasser in einen Krug und sprach zu ihnen: ‚Beobachtet das Wasser‘ – es war aufgewühlt. Und nach einer Weile sprach er wieder zu ihnen: ‚Und beobachtet jetzt, wie das Wasser sich gelegt hat.‘ Und wie sie das Wasser beobachteten, sahen sie wie in einem Spiegel ihre Gesichter, und er sprach zu ihnen: ‚So ist es auch, wenn einer inmitten der Menschen ist: Er sieht wegen des Durcheinanders seine Sünden nicht, wenn er aber ruht, und am meisten in der Wüste, dann sieht er seine Fehler.‘" *N 134*

Die ersten beiden Freunde tun das, was Jesus von uns Christen verlangt: Frieden stiften zwischen Streitenden und Kranke pflegen. Es ist also ein gutes Werk. Doch beide geraten in die akedia. Sie spüren, dass sie nicht jeden Streit schlichten und nicht jedem Kranken helfen können. Sie spüren ihre Begrenzung. Aber offensichtlich gibt es noch andere Gründe, warum sie in die akedia fallen. Akedia ist die Unfähigkeit, im Augenblick zu bleiben. Sie werden also unruhig, tun das oder jenes, aber nichts befriedigt sie wirklich. Und sie werden innerlich müde und träge. Sie haben zu nichts mehr Lust. Das, was sie anfangs mit Begeisterung taten: Frieden stiften und Kranken helfen, das wird ihnen jetzt zur Last. Sie empfinden keine Freude mehr bei ihrem Tun. In ihrer Not gehen sie zum dritten Freund. Der zeigt ihnen am Bild des Wassers, was ihr eigentliches Problem ist. Solange das Wasser unruhig ist, sehen sie sich selbst nicht wie in einem Spiegel und sie sehen ihre Sünden und Fehler nicht. Das Bild des Spiegels, in den wir hineinschauen sollen, um uns selbst zu erkennen, ist bei vielen Mystikern beliebt. Schon Platon benutzt es. Für Platon ist der eigentliche Spiegel Gott selbst. Wenn wir in Gott hineinschauen, sehen wir uns klar, erkennen wir, was in uns getrübt ist und Gottes Klarheit nicht entspricht.

Offensichtlich sieht der dritte Freund die Ursache der Niedergeschlagenheit, dass seine beiden Freunde bei all den vielen guten Tätigkeiten sich selbst übersehen, auf ihre eigene Seele nicht achten und vor allem ihre eigenen Fehler nicht erkannt haben. Bei allem Guten, was wir tun, schleichen sich immer auch unedle Motive ein. Wir möchten mit unseren guten Werken gut dastehen. Oder wir übersehen unsere negativen Gefühle. Wir überspringen die inneren Widerstände des Leibes und der Seele. Wir arbeiten immer weiter, weil wir meinen, wir täten etwas Gutes. In Wirklichkeit merken wir gar nicht, dass wir nichts Gutes mehr tun, sondern nur uns selbst bestätigen wollen. Wir wollen uns selbst nicht in Frage stellen. Daher machen wir einfach immer weiter.

Die Sünden im Spiegel sehen, das ist keine pessimistische Sicht des Menschen. Sünde heißt: mein Leben verfehlen, an mir und meiner Wahrheit vorbeileben. Und das ist eine ständige Gefahr, dass wir unser Leben verfehlen, dass wir nicht so leben, wie es unserem Wesen entspricht. Und gerade im Tun des Guten können wir auch die eigene Wahrheit verfehlen. Wir können an unserem Maß vorbeileben. Wir übernehmen uns, weil wir uns im Recht fühlen. Mit den guten Werken verdecken wir die inneren Zweifel, die wir an unserem Tun haben. Wir nehmen uns gar nicht mehr die Zeit, um zu fragen, was die andern wirklich brauchen. Wir meinen, wir täten das Gute. Und so machen wir immer weiter, ohne uns zu hinterfragen. Und das führt – so meint diese alte Mönchsgeschichte – zur Niedergeschlagenheit, oder wie wir heute sagen würden: zur Erschöpfung, zum Burn-out. Es geht nicht darum, dass wir alle wie der dritte Freund in die Wüste gehen. Aber mitten in unserer Tätigkeit brauchen wir immer wieder Augenblicke der Ruhe, in der wir in das Wasser schauen können wie in einen Spiegel, um uns und unsere Wahrheit zu erkennen und zu spüren, was jetzt dran ist.

25 Die Rechenschafts-prüfung

Ein Bruder begab sich zu einem Alten, fragte ihn und sprach: „Abba, warum ist mein Herz hart und warum fürchte ich Gott nicht?" Es sprach zu ihm der Alte: „Ich glaube, wenn ein Mensch in seinem Herzen an der Rechenschaftsprüfung (elenchos) festhält, erwirbt er die Gottesfurcht." Es sprach zu ihm der Bruder: „Was ist die Rechenschaftsprüfung?" Es sagte dann zu ihm der Alte: „Wo ein Mensch bei jeder Handlung seine Seele prüft und zu ihr sagt: Gedenke, dass du Gott entgegentreten musst. Aber er soll auch das sagen: Was will ich mit einem Menschen tun? Ich denke, wenn einer das so einhält, wird ihm die Gottesfurcht kommen." *N 138*

„Die Furcht des Herrn ist der Anfang der Weisheit. Einsichtig sind alle, die danach handeln." So heißt es im Psalm 111,10. Die Furcht des Herrn ist keine Angst vor Gott. Es ist vielmehr die Ehrfurcht vor Gott und die Haltung, sich von Gott betreffen zu lassen. Sie drückt letztlich das Ernstnehmen Gottes aus. Gott spielt die entscheidende Rolle in meinem Leben. Furcht Gottes meint das, was die Religionspsychologie den Aspekt des „Tremendum" nennt: Gott ist auch der, der uns erschaudern lässt, weil er erhaben und herrlich und heilig ist. Er ist eine mächtige Wirklichkeit, die in unser Leben tritt und uns berührt. Wer sich in seinem Handeln von der Gottesfurcht leiten lässt, der ist einsichtig, der handelt gemäß seiner Vernunft. Der ist weise.

Das Gegenteil von Gottesfurcht ist das harte Herz. Es lässt sich durch nichts mehr berühren. Es gibt auch viele fromme Menschen, die täglich beten, aber ihr Herz bleibt hart, hart gegenüber Gott und hart gegenüber den Menschen. So ein Mensch mit einem harten Herzen fragt einen erfahren Altvater, wie er Gottesfurcht erlangen kann. Der gibt ihm zwei Ratschläge: Er soll bei jeder Handlung seine Seele prüfen und zu ihr sagen: Gedenke dass du Gott entgegentreten musst. Er soll also all sein Denken und Tun immer in Beziehung zu Gott sehen. Und er soll bei allem, was er tut, Gott vor Augen haben, den Gott, vor dem er Rechenschaft ablegen muss. Die Rechenschaft ist aber nichts Äußeres, sondern sie meint: dass ich bei allem mit Gott rechne, dass ich Gott ernst nehme. Der zweite Rat ist, sich bei allem zu fragen: Was will ich mit einem Menschen tun? Ich soll also mein ganzes Verhalten in Beziehung zu den Menschen setzen. Das ist das, was der jüdische Philosoph Hans Jonas „Verantwortung" nennt. Bei allem, was wir tun, übernehmen wir Verantwortung, nicht nur für uns, sondern für die Menschen, und zwar nicht nur für die jetzt lebenden Menschen, sondern auch für die künftig lebenden.

Viele Menschen bemühen sich, authentisch und gut zu leben. Aber sie sind weder in Beziehung zu Gott noch zu den Menschen. Der Weg, so zu leben, wie Gott es uns zutraut und von uns verlangt, besteht darin, bei allem in Beziehung zu sein zu Gott und zu den Menschen. Dann wird unser Handeln und unser Sprechen richtig. Dann leben wir so, wie es unserem wahren Wesen entspricht und wie es Gott gefällt.

26 Geistlicher Kampf

Ein Bruder fragte einen Alten: „Wie werde ich gerettet?" Der aber zog das Mönchsgewand aus, gürtete die Hüfte, erhob seine Hände zum Himmel und sagte: „So muss der Mönch sein: Entkleidet der Hülle des Lebens und gekreuzigt. In den Wettkämpfen kämpft der Athlet mit der Faust, in den logismoi (Gedanken, Leidenschaften) möge der Mönch die Hände zum Himmel erheben und Gott anrufen. Nackt steht der Athlet im Kampf und kämpft, nackt und hüllenlos der Mönch, gesalbt mit dem Öl und belehrt von einem Hintermann (d. h. vom Trainer, bzw. Strategen, der Anordnungen gibt), wie er kämpfen muss. So auch Gott, der uns den Sieg zuwirft." *N 143*

Die Frage: Wie werde ich gerettet? dreht sich nicht nur um das Seelenheil. Es geht vielmehr um die Frage: Wie kann mein Leben gelingen? Wie werde ich heil und ganz? Wie lebe ich gesund? Wie lebe ich so, dass es meinem Wesen entspricht? Der Altvater antwortet auf diese Frage mit einem Bild aus der Welt der Athleten. Die Athleten kämpften damals nackt. Und sie salbten sich, damit der Gegner sie nicht richtig greifen konnte. Der Altvater hat hier den Faustkampf vor Augen. Der Altvater entfaltet dieses Bild des Athleten, so dass es für den Mönch passt. Wie der Athlet kämpft auch der Mönch nackt und hüllenlos. Das heißt: Er versteckt sich nicht hinter einer Maske, hinter seinen Rollen. Er als Person, so wie er ist, ohne Hülle, stellt sich dem Kampf mit seinen Gedanken und Emotionen, mit seinen Bedürfnissen und Leidenschaften. Der Mönch ist wie der Athlet gesalbt, aber mit einem andern Öl, mit dem Öl des Heiligen Geistes. Der Heilige Geist stärkt ihn in seinem Kampf. Und der Mönch hat wie der Athlet einen Trainer hinter sich, der ihm Anleitungen für seinen Kampf gibt. Der Trainer des Mönchs ist Gott selbst. Er sagt uns, wie wir kämpfen sollen.

Dann aber gibt es zwei Bilder, die für den Kampf des Mönches entscheidend sind. Der Mönch erhebt seine Hände zum Himmel, um Gott anzurufen. Das Gebet ist also eine wichtige Hilfe für den Mönch. Im Gebet weiß sich der Mönch nicht allein. Gott selbst steht ihm zur Seite, um ihn zu stärken. Das Gebet ist aber auch wie ein zeitweiser Rückzug vom Kampf. Der Mönch zieht sich zum Gebet zurück, um mit sich und seinen inneren Kräften in Berührung zu kommen. Das ist ähnlich beim Boxkampf. Der Boxer kann nicht immer nur auf den Gegner einschlagen. Er muss sich selbst auch schützen und sich immer wieder zurückziehen, um seinen Schutz zu sichern. Das zweite Bild ist das Bild des Kreuzes. Der

Mönch soll seine Hände nicht nur zum Gebet erheben, sondern auch die Haltung des Gekreuzigten nachahmen. Er soll gekreuzigt beten und kämpfen. Gekreuzigt heißt: Ich bin selbst das Kreuz. Ich nehme mich an mit all meinen Gegensätzen, die mein ideales Selbstbild durchkreuzen. Das Kreuz ist das Bild für die Einheit aller Gegensätze. Der Mönch soll wissen, dass alle Gegensätze, die das Kreuz symbolisiert, auch in ihm sind: Himmel und Erde, Licht und Dunkel, Stärke und Schwäche, Bewusstes und Unbewusstes, Vertrauen und Angst.

Das Leben, so wissen die Mönche, ist auch ein geistlicher Kampf. Ich bin nicht von Natur aus immer ausgeglichen, immer ruhig, immer heil und ganz. Ich stehe in der Auseinandersetzung mit meinen Gedanken und Emotionen, mit meinen Bedürfnissen und Leidenschaften. Um von den Leidenschaften nicht beherrscht zu werden, muss ich den Kampf mit ihnen aufnehmen. Dabei geht es nicht darum, frontal gegen sie zu kämpfen, sondern mit den Waffen, die Gott uns geschenkt hat: das Gebet, die Gestalt des Kreuzes und das Öl des Heiligen Geistes. Und bei jedem Kampf sollen wir wissen, dass Gott als Trainer hinter uns steht und uns Anweisungen gibt, wie unser Kampf gelingen wird. Gott selbst wirft uns den Sieg zu, wie der Mönchsvater voller Optimismus sagt. Dieses Bild des Athleten hat damals viele junge Männer und Frauen angezogen, sich auf den geistlichen Kampf einzulassen. Es war ein kraftvolles Bild. Es hat

Lust geweckt, ähnlich wie ein guter Boxer mit den eigenen Leidenschaften zu kämpfen. Geistliches Leben war nichts für Schwächlinge, sondern für Männer und Frauen, die ihre Kräfte einsetzen wollten, um innerlich weiterzukommen und den Sieg davonzutragen, auf der Seite der Gewinner zu stehen.

27 Verleumdung

Es sprach einer der Alten: „Als wir am Anfang zusammenkamen, redeten wir über Nützliches, wir waren Chöre über
Chöre und wir stiegen in den Himmel auf. Nun aber kommen wir zusammen und geraten in die Verleumdung, wir
ziehen einer den anderen hinunter in die Grube." *N 238*

Nicht nur die Kultur, sondern auch die Spiritualität
einer Gemeinschaft zeigt sich darin, wie sie miteinander spricht. Häufig redet da nur einer über den andern. Meistens redet man miteinander über die, die nicht
da sind. Das geschieht nicht nur in klösterlichen Gemeinschaften, das geschieht in der Familie, in der Firma,
im Verein, in der Pfarrgemeinde. Das Thema war schon
den frühen Mönchen bekannt. Da gab es am Anfang die
Erfahrung, dass man Nützliches miteinander besprach.
Man sprach über das geistliche Leben, über die Erfahrungen und Gefährdungen, die man dabei erlebte. Ein
solches Gespräch öffnet den Himmel über den Menschen. Das Gespräch belebt, ermutigt und wird für uns
zu einem Geschenk. Wenn wir gut miteinander sprechen, dann führen wir – wie Friedrich Hölderlin sagt –

nicht nur ein Gespräch, wir werden ein Gespräch. Und ein wirkliches Gespräch ist auch für Hölderlin immer ein Ort, an dem wir Gott erfahren.

Doch allzu groß ist die Versuchung, dass wir lieber über die Menschen reden, die etwas verkehrt gemacht haben. Oder wir verbreiten Gerüchte über andere. Häufig beginnt dann so ein Gespräch: „Hast du schon gehört, was der oder die getan oder gesagt hat?" Und schon sind wir mitten in der Verleumdung drin. Dann entsteht kein Gespräch, sondern ein Gerede. Und das Gerede, so sagt der Mönchsvater, zieht jeden hinunter in die Grube. Wir ziehen nicht nur den in die Grube, über dessen Fehler wir uns verbreiten. Auch die Redenden selbst ziehen sich gegenseitig hinunter. Denn sie suhlen sich im Sumpf der andern und geraten dabei selbst immer tiefer hinein. Sie verlieren den Boden unter den Füßen. Sie haben keinen guten Grund mehr, auf dem sie stehen können. Daher raten die Mönche immer wieder, nicht über andere zu reden. Ein Mönch – er hieß Agathon – steckte sich deshalb einmal ein ganzes Jahr lang einen Stein in den Mund, damit er nicht mehr über andere reden konnte. So eine bewusste Übung, mal eine Woche oder zwei nicht über einen anderen zu reden, täte uns auch heute gut. Dann merken wir, wie wir durch das Reden über andere nur von den eigenen Fehlern ablenken. Statt an uns zu arbeiten, verbreiten wir uns über andere. So kommen wir keinen Schritt weiter auf dem eigenen Weg.

28 Günstiger Augenblick

Es sagte ein Alter: „Wenn einer ein Gold- oder Silberstück verliert, kann er stattdessen ein anderes finden. Einer, der den günstigen Augenblick (kairos) versäumt, kann keinen anderen finden." *N 265*

Wir jammern häufig, wenn wir unseren Geldbeutel verloren oder unseren besten Kugelschreiber verlegt haben oder unsere Brille nicht mehr finden. Noch schlimmer ist es für manche, wenn sie ihr Handy verlieren. Sie denken, ohne Handy könnten sie gar nicht leben. Da seien alle ihre wichtigen Informationen gespeichert und ihre ganze Kommunikation hänge davon ab. Der Väterspruch sagt uns, worauf wir eigentlich achten sollen: Wir sollen den Augenblick nicht versäumen. Oft spüren wir, dass der richtige Augenblick ist, auf jemanden zuzugehen, ihm ein ermutigendes oder lobendes Wort zu sagen. Doch dann zögern wir. Wir können uns nicht aufraffen, über die eigene Hemmschwelle zu gehen. Und es gibt viele Argumente, die uns davon abhalten, den andern anzusprechen. Wir denken: vielleicht ist es jetzt nicht der richtige Zeitpunkt. Wir finden schon mal die Ruhe, miteinander zu sprechen. Irgendwann werde ich auf ihn zugehen oder ihn besuchen. Doch dann haben wir einen günstigen Zeitpunkt, den kairos, die gute Gelegenheit versäumt. Und der Mönchsvater sagt: Der günstige Zeitpunkt kommt nie wieder. Zeit ist immer etwas Kostbares. Und der jetzige Augenblick ist kostbar. Wenn wir ihn versäumen, haben wir ihn verloren. Und wir können nicht einfach einen andern finden, so wie wir wieder einen anderen Geldbeutel oder Kugelschreiber finden. Daher sollten wir ganz im Augenblick leben. Und wir sollten auf die inneren Impulse hören, die uns anzeigen: Jetzt ist der richtige Augenblick. Oder wie Paulus sagt: „Jetzt ist die Zeit der Gnade." (2 Kor 6,2) Jetzt in diesem Augenblick könnte die Gnade Gottes zum Segen werden für das Gespräch, für die Begegnung. Die Gnade Gottes möchte meine Worte erfüllen. Aber die Worte bleiben mir im Hals stecken. So kann die Gnade Gottes nicht wirken.

Die Lateiner haben das griechische Wort „kairos" = „angenehme Zeit" mit „occasio" = „günstige Gelegenheit" übersetzt. Und sie haben sie als jungen Mann dargestellt, der auf einem Rad fährt. Hinten hat er eine Glatze und vorne einen Schopf. Und sie haben das Sprichwort geprägt: Man muss die Gelegenheit beim Schopfe packen. Sonst rollt der junge Mann an uns vorüber. Und wir können ihn nie wieder fassen. Der Mönchsvater möchte uns mahnen, die Gelegenheiten, die Gott uns bietet, beim

Schopf zu fassen, damit jetzt die Zeit der Gnade ist, die
ein Segen ist für uns und für die Menschen, denen wir
in diesem Augenblick begegnen.

29 Reines Haus

Es sagte ein Alter zu einem Bruder: „Der diabolos (Teufel) ist der Feind und du das Haus. Der Feind nun hört nicht auf, in dein Haus zu werfen, was immer er findet, und gießt alle Unreinheit dazu: an dir ist es, nicht sorglos zu sein und alles wieder hinauszuwerfen. Wenn du aber sorglos bist, wird das Haus mit aller Unreinheit gefüllt, und du kannst dort nicht mehr hineingehen: du aber wirf schon das erste, was jener einwirft, kleinweise hinaus, und dein Haus bleibt rein durch die Gnade Christi." *N 275*

Es ist ein anschauliches Bild, das der Altvater hier bringt. Wir sind das Haus. Der Teufel oder die Dämonen oder die, die uns schaden wollen, werfen alles Mögliche in unser Haus. Sie werfen negative Gedanken und Gefühle in unser Haus. Sie werfen die verletzenden Worte anderer in unser Haus. Und sie werfen die Fehler und das Versagen anderer Menschen in unser Haus. Wenn unser Haus vom Geschwätz der Menschen und von dem vielen, was in der Welt an Negativem passiert, voll ist, können wir gar nicht mehr hineingehen. Es ist wie das Haus eines Messie, der so viel Müll angesammelt hat, dass er gar nicht mehr in sein Haus kommt und nicht mehr darin wohnen kann. Alles ist voll mit Müll.

Der Altvater meint, die Sorglosigkeit, der Mangel an Achtsamkeit, sei der Grund, warum wir unser Haus von allem möglichen Unrat anfüllen lassen. Die Sorglosigkeit meint nicht die Freiheit von Sorge, die uns Jesus empfiehlt (vgl. Mt 6,25). Vielmehr ist es ein Mangel an Sorge, Sorgfalt, Achtsamkeit. Wir vernachlässigen uns selbst und das Leben. Wir lassen Fenster und Türen offen, so dass die Menschen ihren ganzen Mist hineinwerfen können. Die Sorgfalt verschließt die Türe. Wir spüren, dass wir uns schützen müssen vor all dem negativen Gerede. Wir müssen Türen und Fenster verschließen, damit wir in unserem Haus wirklich wohnen können. Wenn wir uns in unserem Haus zu sehr mit den Menschen beschäftigen, die uns verletzt haben oder die uns Angst machen, dann werden diese Menschen zu Hausbesetzern, die uns das eigene Hausrecht streitig machen. Wir fühlen uns dann nicht mehr in unserem Haus daheim. Viele Menschen erzählen mir, dass sie sich in ihrer Wohnung nicht wohl fühlen, weil sie sich ständig von andern verfolgt oder bedrängt sehen. Manchmal ist es der Lärm der Nachbarn, der die eigene Ruhe stört. Manchmal sind es aber auch die eigenen Gedanken, die nur um die schlimmen Nachbarn oder irgendwelche Menschen, die uns mobben, kreisen. Dann werfen wir uns gleichsam selbst aus unserem Haus heraus. Wir lassen zu viele fremde Menschen in unser Haus eindringen. Sorgfalt und Achtsamkeit sind nötig, damit wir unser Haus rein halten und uns darin daheim fühlen.

30 Engelerfahrungen

Es sagten die Alten: „Wenn dir wirklich ein Engel erscheint, nimm ihn nicht auf, sondern demütige dich und sprich: Ich bin nicht würdig, einen Engel zu sehen, da ich in Sünden lebe." *N 311*

Heute gibt es viele Bücher über Engelerscheinungen. Wenn ich darin lese, habe ich den Eindruck, dass sich die Autoren oder Autorinnen mit diesen Engelerscheinungen selbst interessant machen möchten. Sie vermitteln den Lesern, dass sie besondere Erfahrungen gemacht haben, dass sie selbst etwas Besonderes sind und Engel sehen und mit ihnen kommunizieren können, dass sie wichtige Botschaften von ihnen erhalten. Die frühen Mönche sind da wesentlich nüchterner. Wenn einem Mönch ein Engel erscheint, so soll er ihn gar nicht aufnehmen, sondern sagen: Ich bin nicht würdig, einen Engel zu sehen, da ich in Sünden lebe. Die Mönche wissen um die Gefahr, die spirituelle Erfahrung für sich und für die eigene Besonderheit zu missbrauchen. Die Engelerfahrungen können eine Flucht in die Grandiosität darstellen. Weil das Leben nicht so gut gelingt, braucht man besondere Erfahrungen. Für die Mönche ist es entscheidend, dass sie ihr Leben meistern. Aber sie leben dieses Leben immer in der Demut, immer im Wissen, dass sie bei aller spirituellen Praxis immer noch Sünder sind. Die Demut hält sie am Boden und hindert sie daran, durch besondere Engelerfahrungen abzuheben und sich über andere zu stellen. Die nüchterne Sichtweise der Mönche könnte auch uns heute helfen, genauer hinzuschauen, was wirklich spirituelle Erfahrungen sind und was nur religiös verbrämte Flucht in die Grandiosität ist. Natürlich gibt es Engelerfahrungen. Aber wer sie macht, der spricht demütig und vorsichtig davon. Er gibt damit nicht an. Wer seine spirituellen Erfahrungen in allzu großen Worten anpreist, der ist meistens auf der Flucht vor der eigenen Durchschnittlichkeit. Er flieht in die Grandiosität, um seiner eigenen Wahrheit aus dem Weg zu gehen.

31 Was nährt

Abbas Johannes Kolobos sagte: „Sieh, der erste Schlag, den der diabolos Ijob beibrachte, geschah gegen seine Besitztümer, und er sah, dass der nicht betrübt war und sich nicht von Gott entfernte. Mit dem zweiten Schlag griff er seinen Leib an, aber auch da sündigte der mutige Athlet nicht durch irgendein Wort, das aus seinem Munde kam. Er hatte im Inneren seiner selbst das, was von Gott ist, und er nährte sich davon ohne Unterlass." *N 470*

Wenn uns jemand Geld stiehlt, ärgert uns das. Und wenn die Summe hoch ist, dann tut es auch weh. Aber das ist leichter zu verschmerzen, als wenn unser Leib Schaden erleidet entweder durch Krankheit oder durch einen Unfall. Ich habe Menschen begleitet, die durch einen Unfall gelähmt worden sind. Sie waren gute Sportler, tatendurstig, liebten das Leben. Jetzt sind sie in ihrem Körper stark eingeschränkt, aber nicht nur in ihrem Körper, sondern auch in den Lebensmöglichkeiten, die ihnen noch zur Verfügung stehen. Keiner von uns weiß, wie er selbst mit so einer Beeinträchtigung seines Leibes umgehen würde. Und es steht uns nicht zu, gute Ratschläge zu verteilen, wenn wir selbst nicht dieses Leid erfahren haben. Johannes Kolobos gibt auch keinen Rat, wie wir damit umgehen sollen. Er stellt uns das Beispiel des Ijob vor Augen, wie er mit dem Leid umging. Es ist eine interessante Beschreibung für die Strategie, die Ijob anwandte. Ijob hatte im Inneren seiner selbst etwas, was von Gott war. Was meint das? Die Mönchsväter sprechen öfter davon, dass der Mönch in sich Gefäße hat, aus denen er sich nähren kann. Und wenn er solche Gefäße in sich hat, kann er es besser bei sich aushalten.

Ich würde dieses Bild des inneren Gefäßes – oder an anderer Stelle: des inneren Weideplatzes, an dem wir uns nähren – so deuten: In uns ist ein Raum der Stille, in dem Gott wohnt, in dem die Quelle des Heiligen Geistes sprudelt, in dem die Glut des Heiligen Geistes in uns brennt. Ijob – so meint Johannes Kolobos – hatte die Glut des Heiligen Geistes in sich und an dieser Glut konnte er sich trotz allen Leids wärmen. Und von der Quelle des Heiligen Geistes konnte er trinken, sich erfrischen und stärken. Johannes Kolobos spricht aber nicht nur von einer Quelle, sondern von etwas Nährendem. Ijob hatte etwas von Gott, von dem er sich unablässig nähren konnte. Für mich kann das nur die Liebe sein, die er auf dem Grund seiner Seele erfahren hat. Das ist für mich das Ziel christlicher Meditation, dass ich durch das Jesusgebet in den inneren Grund meiner Seele gelange, der ein Grund der Liebe ist. Liebe ist dabei mehr als ein Gefühl. Liebe ist eine Macht, eine Kraft, eine Nahrung, eine Qualität des Seins. Und von dieser Liebe kann ich mich nähren, auch wenn mein Leib manch andere Nahrung ablehnt, weil er sie nicht mehr verträgt. Und diese Liebe nährt meine Seele, die die Krankheit oder Einschränkung des Leibes erträgt. Je kräftiger die Seele wird, desto leichter kann sie den Leib ertragen und gerne im Leib wohnen, auch wenn der behindert ist.

32 Kleine Gebote

Sieh, was du bis zum Tod bewahren sollst: Weder eine kleine noch eine große Sache tun ohne Meinung deines geistlichen Vaters, der bei dir wohnt. Ohne seine Erlaubnis verlasse nicht das Kellion. Trink kein Wasser, bevor ein Gebet verrichtet wurde, iss keine Frucht, dass darüber nicht das Kreuzzeichen gemacht wurde. Berühre keine Mahlzeit, bevor nicht gesagte wurde: Segne, Vater. Gib kein Wasser in den Kochtopf und kein Öl, bevor du nicht dasselbe zu ihm gesagt hast. Nachts leg dich nicht schlafen, bevor du nicht eine Metanie (Bußakt der Niederwerfung) gemacht hast und entlassen wurdest. In jeder Erörterung sage: Verzeih mir. Wenn du das tust, wirst du verherrlicht und erhöht werden vor den Menschen und selig vor den Engeln, und du wirst dich des Reiches erfreuen mit allen Heiligen. Wer aber diese kleinen Gebote nicht erfüllt, erwarte nicht, dass er über den diabolos irgendeinen Sieg davonträgt. *K 298*

Auf den ersten Blick scheint der Rat des Altvaters an einen jüngeren Mönch kleinlich zu sein. Die erste Weisung richtet sich nur an Mönche. Der junge

Mönch soll bei allen auf seinen geistlichen Vater hören. Doch die anderen Empfehlungen gelten durchaus für uns. Sie scheinen ganz einfach zu sein. Aber gerade in dieser Einfachheit zeigen sie, dass wir bei allem, was wir tun, an Gott denken, dass wir alles in Beziehung zu Gott bringen. Das ist die Kunst des geistlichen Lebens, dass wir viele kleine Erinnerungszeichen haben, die uns an Gottes heilende und liebende Gegenwart erinnern. Bei allen alltäglichen Verrichtungen, beim Trinken des Wassers, beim Essen einer Frucht, beim Kochen, bei allem soll man Gott um seinen Segen bitten. Eine Weise, Gottes Segen zu erflehen, ist: das Kreuzzeichen über die Speisen machen. Das Kreuzzeichen ist einmal ein Ausdruck, dass alles von Gott gesegnet ist. Das Kreuzzeichen bedeutet aber noch etwas anderes: Die frühen Christen sahen das Kreuz als Bild, dass die Liebe Jesu Christi, die am Kreuz vollendet wurde, die ganze Welt berührt, verwandelt und heilt. Wenn ich über das Wasser, die Frucht, das Brot ein Kreuzzeichen mache, dann drücke ich aus, dass mit dem Wasser Jesu Liebe in mich einströmt, dass ich in der Frucht Jesu Liebe schmecke und im Brot Jesu nährende Liebe erfahre. Alles Irdische wird zum Bild für die Liebe, mit der Christus uns am Kreuz bis zur Vollendung geliebt hat.

Diese kleinen Zeichen mögen einem unscheinbar vorkommen. Doch sie bringen mein ganzes Leben in Beziehung zu Gott. In allem, was ich berühre, berühre ich die Liebe Jesu Christi, die am Kreuz stärker war als aller Hass und als der Tod. Der ganze Tag – so sagt dieser Altvater – soll ritualisiert sein. Vor dem Schlafengehen empfiehlt er das Ritual der Metanie, d. h. dass man sich zu Boden wirft, vor Gott niederfällt und ihn anbetet. Anbetung heißt: Ich vergesse mich selbst, ich lasse den Tag los mit allem, was war. Ich verzichte darauf, den Tag zu bewerten oder nachzugrübeln, was ich anders hätte machen können. Indem ich vor Gott niederfalle, vergesse ich mich selbst, werde ich frei vom eigenen Ego und bin ganz präsent. So kann ich mich in Ruhe schlafen legen. Die Folge dieser kleinen Rituale ist: Nicht nur Gott wird verherrlicht, sondern auch der Mönch. Die Schönheit Gottes strahlt durch ihn hindurch, leuchtet in ihm auf. Das Leben wird verwandelt. Und der Mönch wird selig, glücklich. Sein Leben wird gelingen. Es wird hier keine strenge Askese verkündet, sondern ein einfacher Weg, der für jeden Christen in ähnlicher Weise befolgt werden kann. Das Ziel ist nicht die Selbstbeherrschung, die sonst das Ziel der Askese ist, sondern die Verherrlichung, d. h. dass die Schönheit Gottes in ihm aufstrahlt. Das Leben wird auf diese Weise schön. Alles kündet von der Liebe Jesu Christi, alles wird von der Schönheit Christi erfüllt. Und der Mönch findet inneren Frieden. Ohne diese kleinen Rituale – so meint der Altvater – könnte der Mönch den Teufel, der alles durcheinanderbringt, nicht überwinden.

33 Ohne Mühe gerettet

Es war ein Bruder, der im Übrigen nachlässig im Mönchtum war. Als dieser am Sterben war, setzten sich einige der Väter hinzu. Und wie sein Alter ihn heiter und mit Freude aus dem Leib herausgehen sah, wollte er die Brüder erbauen und sprach zu ihm: „Bruder, glaube, wir alle wissen, dass du nicht sehr eifrig warst in der Askese: Warum also gehst du so zuversichtlich weg?" Es sprach nun der Bruder: „Glaub mir, Vater, du sagst die Wahrheit: Jedoch seit ich Mönch war, weiß ich nicht, dass ich einen fehlenden Menschen verurteilt und ihm Böses nachgetragen habe, sondern sofort am selben Tag habe ich mich mit ihm versöhnt, und ich will Gott sagen: Du hast gesagt, Herr: Richtet nicht, und ihr werdet nicht gerichtet. Und: Vergebt, und es wird euch vergeben." Da waren all erbaut, und der Alte sprach zu ihm: „Friede dir, Kind, da du auch ohne Mühe gerettet wirst." *N 530*

Viele Sprüche der Wüstenväter drehen sich um harte Askese, um Fasten, Verzichten, hart mit sich umgehen. Hier, in dieser Erzählung kommt eine andere Seite ihrer Spiritualität zum Vorschein. Da stirbt ein Mönch, der kein vorbildlicher Mönch war. Er war nachlässig. Vermutlich hat er nicht streng gefastet, hat sich öfter etwas gegönnt. Er hat auch die Gebetszeiten nicht so eifrig eingehalten. All das waren Zeichen eines guten Mönches. Doch jetzt stirbt er heiter und voller Freude. Denn er hat das zentrale Gebot Jesu eingehalten: keinen anderen zu richten. Er wusste um seine eigenen Schwächen. Und so hat er auch die Brüder mit ihren Schwächen nicht beurteilt und nicht über andere gerichtet. Und er hat das andere Gebot der Versöhnung und Vergebung konsequent befolgt. Er hat einem andern nichts Böses nachgetragen, sondern sich noch am selben Tag mit ihm versöhnt. Und er hat jedem Menschen vergeben. So kann er voller Vertrauen sterben, dass Gott auch ihn nicht richten und ihm vergeben wird.

Das Beispiel des nachlässigen Mönches zeigt uns, worauf es eigentlich ankommt. Manchmal sind wir stolz auf unsere Askese und auf unsere Selbstbeherrschung. Aber damit können wir uns leicht über andere erheben. Die entscheidende Forderung Jesu ist die: „Richtet nicht, damit ihr nicht gerichtet werdet." (Mt 7,1) Wenn wir diese Forderung erfüllen, dann dürfen wir vertrauen, dass wir auch nicht gerichtet werden. Und dieses Vertrauen nimmt uns dann die Angst vor dem Tod, die Angst, vor dem Gericht Gottes im Tod nicht bestehen zu können. Der Alte, der den jungen Mönch sehr direkt auf seine Fehler angesprochen hatte, ließ sich von den

Worten des nachlässigen Mönches überzeugen. Obwohl er der Ältere war, war er bereit, in die Schule des Jüngeren zu gehen und von ihm zu lernen. Und er zeigt auch uns einen Weg, wie wir ohne Mühe gerettet werden, wie unser Leben auch ohne allzu große Anstrengung gelingen kann. Allerdings braucht es eine große Ehrlichkeit uns selbst gegenüber, das Eingeständnis der eigenen Schwäche und der konsequenten Befolgung, nicht über andere zu richten. Wenn wir uns selbst realistisch sehen, dann vergeht uns auch die Lust, über andere zu richten. Denn wir erkennen, dass wir trotz all unserer spirituellen Bemühungen immer auch Menschen mit Fehlern und Schwächen bleiben.

34 Gedanken wie Mäuse

Der Alte sagte: „Die schlechten Gedanken gleichen den Mäusen, die in ein Haus kommen: Wenn man sie nach und nach tötet, eine nach der anderen der Reihe nach, wie sie eintreten, hat man kein Übel. Wenn man im Gegenteil das Haus sich mit ihnen füllen lässt, wird man viel Mühe haben, sie zu verjagen. Ob man dies dann kann oder ob man es aufgibt, man lässt sich das Haus verwüsten." *N 535*

Es ist ein einfaches, aber eindrückliches Bild, das dieser Altvater uns von unserem Umgang mit den schlechten Gedanken zeichnet. Ob wir wollen oder nicht, es werden immer schlechte Gedanken in uns auftauchen. Die Mönche sagen uns: Wir sind nicht verantwortlich für die Gedanken, die in uns auftauchen, sondern nur dafür, wie wir mit ihnen umgehen. Es kann sein, dass in uns Ärger auftaucht, oder Neid, oder Eifersucht, oder Zorn, oder Bitterkeit oder Angst oder Traurigkeit. Wir können diese Gefühle in uns nicht verhindern. Aber es ist entscheidend, dass wir uns ihnen stellen. Hier ist die Rede davon, dass wir sie töten. Das dürfen wir nicht wörtlich nehmen. Wir können den Hass nicht einfach töten. Aber wir können ihn verwandeln. Dann ist es kein schlechter Gedanke mehr. Dann spüren wir den Impuls, der im Hass steckt: der Impuls, sich vor einem Menschen zu schützen, der uns ständig verletzt und uns bedrängt. Wenn ich den Hass in diesen Impuls des Schutzes und Abgrenzens verwandle, dann wird der schlechte Gedanke gleichsam getötet. Die lebendige Maus, die ins Haus schlüpfen möchte, wird herausgeworfen. Sie hat keine Chance mehr.

Das entscheidende Bild in diesem Väterspruch ist für mich: Ich soll einen Gedanken nach dem andern behandeln, mich ihnen stellen und sie entmachten oder verwandeln. Wenn ich die Türen meines Hauses offen lasse, dann werden alle negativen Gedanken auf einmal in mein Haus eindringen. Und dann habe ich keine Chance mehr, sie herauszutreiben. Sie werden dann zu Hausbesetzern. Sie halten mein Haus besetzt und ich bin nur noch der Mieter, der aber kaum mehr einen Raum in seinem Haus findet, in dem er ruhig leben kann. Überall haben sich die Mäuse, haben sich die negativen Gedanken und Gefühle breit gemacht. Mein Haus ist dann verwüstet und kaum mehr bewohnbar. Ich bin verantwortlich für mein Lebenshaus, dass ich gerne darin wohnen mag.

Was der Väterspruch im Bild der Mäuse schildert, das können wir auf ähnliche Weise im Traum erleben. Manchmal träumen wir, dass unser Haus voll von Müll ist, der sich da angesammelt hat. Oder es sind unangenehme Tiere in unserem Haus, große Spinnen oder hässliche Kröten oder aber Ratten und Mäuse. Solche Träume sind Mahnträume. Sie mahnen uns, auf unser inneres Haus aufzupassen und unseren inneren Bereich besser zu schützen. Eine Frau träumte oft, dass fremde Leute sich in ihrem Schlafzimmer aufhalten. Sie erkannte, dass sie ihren inneren Bereich zu wenig geschützt hatte. Die Menschen, mit denen sie arbeitete und für die sie sorgte, hatten ihren inneren Bereich besetzt. Sie konnte nicht mehr ruhig schlafen, weil überall fremde Menschen waren. Wir haben die Aufgabe, gute Türhüter zu sein. Evagrius Ponticus hat das Bild dieses Altvaters ergänzt durch das Bild des Türhüters, das er dem Gleichnis Jesu entnimmt. Jesus spricht von einem Mann, der auf Reisen geht. Den Dienern überträgt er Verantwortung. „Dem Türhüter befahl er, wachsam zu sein." (Mk 13,34). Wie ein wachsamer Türhüter sollen wir jeden Gedanken, der an die Tür unseres Hauses klopft, fragen: Bist du ein Fremder oder ein Freund? Willst du mir etwas Wichtiges sagen? Oder bist du ein Hausbesetzer, der mir mein Hausrecht streitig macht? Die fremden und feindlichen Gedanken, die Hausbesetzer und Hausbeschmutzer, sollen wir von der Türe weisen und gar nicht eintreten lassen. Nur so können wir ruhig in unserem inneren Haus wohnen.

35 Der Feind

Ein lybischer Bruder kam eines Tages zu Abbas Silvanos auf dem Berge von Panepho und sagte ihm: „Abba, ich habe einen Feind, der mir viel Übles bereitet, denn er hat mir meinen Acker geraubt, als ich in der Welt war, er hat mir oft Hinterhalte gelegt und, siehe, er hat Leute gedungen, um mich zu vergiften. Ich will ihn dem Gerichtsbeamten ausliefern." Der Alte sagte ihm: „Tu es, wenn es dich erleichtert, mein Kind." Und der Bruder sagte: „Ist es nicht so, Abba, wenn er bestraft wird, wird seine Seele zweifellos großen Nutzen haben?" Der Alte sagte: „Tue, was dir gut erscheint, mein Kind." Der Bruder sagte zum Alten: „Erhebe dich, Vater, verrichten wir ein Gebet, und ich gehe hin zum Gerichtsbeamten." Der Alte erhob sich und sie sprachen das Vaterunser. Als sie zu den Worten kamen: Vergib uns unsere Schulden, wie wir vergeben unseren Schuldnern, sagte der Alte: „Vergib uns nicht unsere Schulden, wie wir nicht vergeben unseren Schuldnern." Der Bruder sagte zum Alten: „Nicht so, Vater." Aber der Alte sagte: „Ja so, mein Kind. Denn sicherlich, wenn du zum Gerichtsbeamten gehen willst, um dich zu rächen, verrichtet Silvanos kein anderes Gebet für dich." Und der Bruder machte eine Metanie und vergab seinem Feind. *N 557*

Die Mönche versuchen, einander nicht durch Moralisieren zu verwandeln, sondern durch langsames Hinführen zum richtigen Verhalten. Ein Mönch kommt zum Altvater Silvanos noch voller Wut über seinen Feind, der ihm den Acker genommen hat und ihn sogar vergiften wollte. Dann versucht er seine Wut zu verstecken hinter der Begründung: Es ist für den Feind besser, wenn er bestraft wird. Denn davon kann er inneren Nutzen ziehen. Er möchte dem Altvater gegenüber nicht einfach als der zornige und rachsüchtige Mönch erscheinen, sondern als der fürsorgliche. Die Gerechtigkeit ist für alle gut. Daher ist es gut, dass der Feind bestraft wird. Silvanos gibt ihm immer recht: Tue das, was dich erleichtert und was dir gut scheint. Doch als sie zusammen das Vaterunser beten, führt Silvanos dem Bruder vor Augen, was er eigentlich tun möchte. Wenn er seinem Feind nicht vergibt, dann dürfen wir auch nicht um die Vergebung Gottes beten. Denn die Vergebung Gottes ist an die Vergebung dem andern gegenüber gekoppelt. Mit diesem Beispiel überzeugt Silvanos den Mönch. Er erkennt, wie sehr er sich hineingesteigert hat in seine Rachsucht, dass er den Geist Jesu und Jesu Forderung, einander zu vergeben, vergessen hat. Er sieht seine Verblendung ein. Er fällt zu Boden und vergibt seinem Feind.

Manchmal brauchen wir einen geistlichen Begleiter, der uns nicht beschimpft, der uns kein schlechtes Gewissen einimpft, sondern der uns behutsam wie Silvanos die Augen öffnet, damit wir erkennen, wo wir uns verrannt haben und wo wir unser Verhalten mit irgendwelchen fadenscheinigen Argumenten zu rechtfertigen versuchen. Es geht nicht darum, uns ein schlechtes Gewissen zu vermitteln, sondern uns die Augen zu öffnen, damit wir selbst erkennen, dass unser Verhalten und unsere Einstellung dem Geist Jesu widersprechen.

36 Die vier Instrumente

Abbas Longinos sagte: „Das Fasten demütigt den Leib und das Nachtwachen reinigt den Geist. Die hesychia (Ruhe) bringt die Trauer (penthos) hervor, und diese wäscht den Menschen und lässt ihn die Sünde vermeiden." *N 560*

Hier werden vier wichtige Instrumente des geistlichen Weges beschrieben: das Fasten, die Nachtwachen, die hesychia und die Trauer. Diese Werkzeuge begegnen uns oft in den Vätersprüchen. Doch interessant ist hier die Wirkung, die Abbas Longinos diesen vier Instrumenten geistlicher Kunst zuschreibt. Das Fasten demütigt den Leib. Hier geht es nicht um Selbstbeherrschung und innere Freiheit. Wenn wir heute einen Fastenkurs machen, dann wollen wir vor allem die innere Freiheit erfahren. Und wir wollen durch Fasten unsern Leib reinigen von unnützen Schlacken. Doch hier heißt es: Das Fasten demütigt den Leib. Es bringt ihn in Berührung mit seinem Hunger. Wir können eine Zeitlang gut fasten. Aber dann spüren wir, dass wir angewiesen sind auf Essen, dass wir in aller Demut unsere Bedürftigkeit erkennen und uns eingestehen müssen.

Das Ziel der Nachtwachen oder überhaupt des Wachens ist die Reinigung des Geistes. Die Mönche haben das Wachen vor allem als Nachtwache geübt. Sie sind nachts aufgestanden und habe ihre Gebete verrichtet, wenn die andern Menschen schliefen. Und sie erwarteten davon eine Reinigung des Geistes. Wachen, Aufwachen, Aufgewecktwerden – das sind für jeden Christen wesentliche Haltungen. Die griechischen Philosophen haben den Zustand des Menschen als Schlafzustand beschrieben. Der Mensch hat sich eingelullt mit irgendwelchen Vorstellungen und Illusionen. Geistliches Leben heißt: aufwachen, die Augen aufmachen und die Dinge so sehen, wie sie wirklich sind. Das Zentrum des christlichen Glaubens – die Auferstehung Jesu – wird in der Bibel oft auch als Auferweckung Jesu von den Toten beschrieben. Auferstehung hat also mit Aufgewecktwerden zu tun. Wir erleben mit Christus die Auferstehung, wenn wir uns aufwecken lassen vom Schlaf. Der Epheserbrief hat diesen Zusammenhang von Auferstehung und Aufgewecktwerden in einem urchristlichen Tauflied beschrieben: „Wach auf, du Schläfer, und steh auf von den Toten, und Christus wird dein Licht sein." (Eph 5,14) Longinos bringt das Aufgewecktwerden mit der Reinigung des Geistes in Verbindung. Das Wachen reinigt unsere trüben Augen von allen Illusionen und schenkt ihnen innere Klarheit, damit wir uns selbst realistisch sehen und auch die Menschen um uns herum und die ganze Welt.

Das dritte und das vierte Werkzeug des geistlichen Lebens hängen miteinander zusammen. Die hesychia bringt die Trauer hervor. Hesychia beschreibt die mönchische Lebensweise. Sie hat als Ziel, die innere Ruhe, die Herzensruhe zu erlangen. Die Mönche zogen sich bewusst zurück, um nicht abgelenkt zu werden von ihrem Bestreben, in Gott Ruhe zu finden. Die Mönche antworten damit auf die Ruhe- und Rastlosigkeit, wie sie auch damals schon in den Städten üblich war. Gerade heute ist es eine wichtige Alternative zu unserer Hektik, die immer mehr Menschen bestimmt. Diese Ruhe ist aber nicht nur eine angenehme Ruhe, nicht einfach der Wunsch: Ich will endlich mal meine Ruhe haben. Niemand soll mich stören. Vielmehr begegnen die Mönche in der Ruhe, in der Stille, der eigenen Wahrheit. In der Stille tauchen die eigenen Schattenseiten auf, die vielen „logismoi", Gedanken, Emotionen und Leidenschaften, die den Mönch beunruhigen. Die richtige Reaktion auf all diese negativen Gedanken, auf die Dämonen, die da im Innern auftauchen, ist die Trauer. Trauer (penthos) ist das Gegenteil von Traurigkeit (lype). Am Grund der Traurigkeit stecken oft infantile Wünsche an das Leben. Weil das Leben meine kindlichen Wünsche nicht erfüllt, reagiere ich mit Traurigkeit. Ich schmolle mit Gott wie ein kleines Kind, wenn er mir meine Wünsche nicht erfüllt. Trauer als penthos meint dagegen etwas Aktives: Ich betrauere, dass sich so bin, wie ich bin, dass ich durchschnittlich bin, dass ich zurückbleibe hinter meinen Idealen, dass all diese Emotionen und Leidenschaften in mir sind. Ich betrauere, dass ich oft die Chancen verpasst habe, die Gott mir gewährt hat, um umzukehren, um wirklich ein spiritueller Mensch zu werden. Die Trauer drückt sich oft im Weinen aus. Die Trauer, die mit Weinen verbunden ist, wäscht den Menschen. Die Tränen haben wie das Wachen eine reinigende Wirkung auf Seele und Leib. Und diese reinigende Wirkung, dieses Auswaschen allen Schmutzes, der sich in uns angesammelt hat, befähigt uns, die Sünde zu vermeiden. Wir müssen dann gar nicht gegen die Sünde kämpfen. Vielmehr hat die Sünde keine Chance, den gereinigten Geist und den reingewaschenen Leib zu befallen.

37 Anhaftung

Ein Alter sagte: „Sicherlich, wenn der Mensch ein Kämpfer ist, verlangt Gott von ihm, keine Anhänglichkeit an irgendetwas zu haben, und wäre es auch nur an eine kleine Nadel, weil sie dem Gedanken ein Hindernis sein kann für das Gespräch mit Jesus und für die Trauer." *N 577*

Was die Mönche Anhänglichkeit nennen, heißt im Buddhismus Anhaften. Das Anhaften an die Dinge hindert uns auf unserem spirituellen Weg. Das scheint übertrieben zu sein. Doch der Altvater spricht von einem Kämpfer. Nicht jeder Mensch ist ein Athlet, ein Kämpfer mit den Leidenschaften. Aber wer konsequent den spirituellen Weg gehen will, der muss sich frei machen von Anhänglichkeit. Das bedeutet ja nicht, dass er nichts besitzen darf. Er braucht nur eine innere Freiheit den Dingen gegenüber. Im Kloster haben wir keinen Eigenbesitz. Aber die Anhänglichkeit kann sich da genauso einschleichen. Da sitzt jemand auf seinem Werkzeug und leiht es nicht aus. Oder er hängt an dem, was ihm die Eltern geschenkt haben. Immer wenn wir abhängig werden von Dingen, wenn wir ohne sie nicht sein können, dann – so sagt der Väterspruch – ist es ein Hindernis für das Gespräch mit Jesus. Wir sind dann nicht offen, mit Jesus über unsere innere Wahrheit zu sprechen. Wir denken viel zu sehr an das, ohne das wir nicht sein können. Für den einen ist es sein CD-Player, für einen andern sein Handy oder sein Bett, das er für sich besonders hergerichtet hat. Gerade Menschen, die einen spirituellen Weg gehen, merken oft gar nicht, wie sehr sie von äußeren Dingen abhängig sind. Alles, woran wir anhaften, wovon wir abhängig sind, hindert uns, in Freiheit mit Jesus zu sprechen, über unsere tiefste Sehnsucht und über unsere Wahrheit mit Jesus ins Gespräch zu kommen.

Und die Anhänglichkeit hindert uns an der Trauer, wie der Altvater sagt. Die Dinge sind dann für uns Tröstungsmittel. Wir trösten uns selbst und verweigern die Trauer. Trauer bedeutet: durch den Schmerz über unsere Abhängigkeit, über unsere Bedürftigkeit, über unsere Einsamkeit, über unseren Mangel hindurchzugehen und in den Grund der Seele zu gelangen, in dem wir wahren Frieden finden. Dort auf dem Grund der Seele, in dem inneren Raum der Stille, erfahren wir wahre Freiheit, Freiheit auch von unseren Bedürfnissen. Wer nie in den Grund geht – und der Weg in den Grund geht über die Trauer – der gelangt nie zur inneren Freiheit. Der wird nie sein Herz ganz für Jesus öffnen. Er wird immer nur seine fromme Seite Jesus hinhalten, aber nicht seine ganze Wahrheit.

38 Heilen und retten

Ein Bruder im Koinobion wurde fälschlich wegen Buhlerei verklagt. Er machte sich auf und ging zum Altvater Antonios. Aber auch die anderen Brüder des Koinobions kamen, die ihn heilen und heimbringen wollten. Sie begannen, ihn anzuklagen: „So hast du getan!" Nun war dort zufällig auch der Altvater Paphnutios der Kephalas. Und er legte ihnen folgendes Gleichnis vor: „Ich sah am Ufer des Stromes einen Menschen, der bis zu den Knien im Schlamm steckte. Als aber Leute herzukamen, um ihm die Hand zu reichen, stießen sie ihn bis zum Hals ins Wasser." Der Altvater Antonios sagte über den Altvater Paphnutios: „Sehet, das ist ein rechter Mensch, der Seelen heilen und retten kann." Über dem Wort der Alten kamen sie zur Besinnung und warfen sich dem Bruder zu Füßen. Aufgemuntert von den Vätern nahmen sie den Bruder ins Koinobion mit. *Antonios 29*

Die Brüder wollen den fälschlicherweise angeklagten Bruder heilen, indem sie ihn selber beschuldigen und ihm seine Schuld vorwerfen. Abbas Paphnutios möchte gar nicht erforschen, ob die Vorwürfe berechtigt sind oder nicht. Auch wenn sie berechtigt wären, gilt sein Gleichnis: Wer bis zu den Knien im Schlamm steckt, den darf ich nicht noch tiefer in den Sumpf hineinstoßen. Meine Aufgabe ist es, ihn herauszuziehen. Und dann kann man gemeinsam den Schlamm abwaschen. In diesem Gleichnis des Altvaters wird die Barmherzigkeit spürbar, die ihn gegenüber Menschen erfüllt, die gefallen sind. Die Mönche wissen, dass jeder, der durch eigene Schuld im Schlamm steckt, ein Spiegel ist für einen selbst. Doch der Bruder – so sagt uns die Geschichte – wird fälschlicherweise angeklagt. Wir erleben heute immer wieder, dass jemand, der öffentlich angeklagt ist – auch wenn nichts bewiesen ist und die Anklage unberechtigt ist – von vielen mit Schmutz beworfen wird. Sie projizieren ihren eigenen Dreck auf den Angeklagten und stoßen ihn auf diese Weise noch tiefer in den Schlamm hinein. Wir möchten, wenn wir im Schlamm stecken, Menschen treffen, die uns die Hand reichen, um uns herauszuziehen. Wir sehnen uns nach Menschen, die sich für uns die Finger schmutzig machen, um uns vom Schlamm zu befreien.

Abbas Paphnutios moralisiert nicht. Er öffnet den verurteilenden Brüdern mit einem Gleichnis die Augen. Abbas Antonios, der größte der Altväter, lobt den Abbas Paphnutios. Er versteht wirklich, Menschen zu heilen und zu retten. Das Lob des Antonios bringt auch die andern zur Einsicht. Jetzt stoßen sie den Bruder nicht mehr

in den Schlamm. Sie fallen vor ihm nieder, um ihm ihre
Wertschätzung zum Ausdruck zu bringen. So richten sie
ihn auf. Und er kehrt voller Vertrauen mit ihnen in ihre
Gemeinschaft zurück.

39 Verbundenheit

Es sagten die Alten: „Jeder muss sich zu Eigen machen, was den Nächsten betrifft, mit ihm leiden in allem, mit ihm weinen und sich so verhalten, als ob er denselben Leib trüge und als ob er selbst verwirrt wäre, wenn dieser einmal in Verwirrung gerät, wie geschrieben ist: Ein Leib sind wir in Christus (Röm 12,5), und: Die Menge der Gläubigen hatte ein einziges Herz und eine einzige Seele. (Apg 4,32)." *N 389*

Wir meinen, die Einsiedler kümmerten sich nur um das eigene Seelenheil oder um ihren eigenen Kampf mit den Leidenschaften. Doch in diesem Väterspruch wird deutlich, dass sie sich solidarisch fühlten mit allen Menschen. Was man im Buddhismus Mitgefühl nennt, das haben die Mönche in hohem Maß verwirklicht. Sie fühlen nicht nur mit jedem Menschen, wenn er in Not ist. Sie fühlen sich mit ihm eins. Sie interpretieren die beiden Bibelstellen aus dem Römerbrief und aus der Apostelgeschichte wörtlich: Die Christen sind ein einziger Leib. Wenn ein Glied leidet, leiden alle mit. Und sie nehmen die Aussage des Lukas über die Gemeinde in

Jerusalem wörtlich: Sie hatten ein einziges Herz. Unser Herz ist mit dem Herzen der anderen verbunden. Was der Bruder oder die Schwester im Herzen fühlt, das geht auch mich an. Wenn der andere verwirrt ist, fühle ich in mir eine Verwirrung. Und wenn er Schmerzen hat in seinem Leib, dann fühle ich die Schmerzen mit. Denn wir sind, als ob wir ein einziger Leib sind. So ist alles, was wir in uns bearbeiten, immer auch ein Segen für die Menschen. Wir fühlen uns mit allen verbunden. Wenn ich in mir einen Dämon überwinde, leiste ich damit auch dem Bruder oder der Schwester einen Dienst. Wenn ich meine Angst überwinde, dann tut das auch dem andern gut. Und wenn ich durch meine Depression hindurch-gehe, ohne mich in den Sumpf ziehen zu lassen, dann berührt meine Weise, mit der Depression umzugehen, auch die Menschen um mich herum.

Dieser Väterspruch zeigt einmal unsere tiefe Verbun-denheit miteinander. Zum andern aber wird in diesem Spruch auch deutlich, dass alles, was wir an geistlichem Kampf kämpfen, immer auch ein Kampf für die ande-ren Menschen ist. Wenn es in uns heller wird, wird es auch für die Menschen um uns herum heller. Denn wir sind ein einziger Leib. Wir würden das heute nicht so körperlich ausdrücken wie die frühen Mönche. Aber von der Psychologie her wissen wir, dass alles, was in uns vor sich geht, auch Auswirkungen auf die Menschen um uns herum hat. Das spornt uns an, unsere Verantwortung für die andern wahrzunehmen. Und wir fühlen uns in unserem Ringen nicht allein. Manche geben den Kampf oft auf mit der Begründung: Wem nützt das, wenn ich faste? Wem nützt das, wenn ich täglich fünfmal das Chorgebet verrichte? Wenn ich mir vorstelle, dass wir ein einziger Leib sind, dann stehe ich morgens um 4.40 Uhr nicht aus Privatvergnügen auf, sondern in Solidarität mit allen anderen Menschen und als Dienst für die Menschen. Unser Gebet bringt auch in den Menschen etwas in Schwingung, für die wir beten, und es berührt auch die Herzen derer, die in ihrem Gebet verstummt sind, die nicht mehr an die Kraft des Gebetes glauben können.

40 Balken und Strohhalm

Ein Bruder fragte den Abbas Poimen und sprach: „Ich bin verwirrt und will meinen Ort verlassen." Es sprach zu ihm der Alte: „Wegen welcher Sache?" Es sprach zu ihm der Bruder: „Weil ich Worte über einen Bruder höre, die mir nicht nutzen." Es sprach zu ihm der Alte: „Es ist nicht wahr, was du da hörst." Es sprach zu ihm der Bruder: „Ja doch. Vater, denn der Bruder, der es mir sagte, ist glaubwürdig." Es sprach zu ihm der Alte: „Er ist nicht glaubwürdig, denn wenn er glaubwürdig wäre, hätte er es dir nicht gesagt." Es sprach zu ihm der Bruder: „Aber ich sah es mit meinen Augen." Als der Alte das gehört hatte, nahm er einen kleinen Strohhalm und sprach zu ihm: „Was ist das?" Es sprach der Bruder: „Es ist ein Strohhalm." Und der Alte blickte hin zum Dach des Kellions und sprach zum Bruder: „Setze es in dein Herz: Deine Sünden sind wie dieser Balken, die deines Bruders sind wie dieser Strohhalm." Als Abbas Tithoes dieses Wort gehört hatte, wunderte er sich und sprach: „Was preise ich dich selig, Abba Poimen, kostbarer Stein, denn deine Worte sind voll von Freude und aller Herrlichkeit." *N 391*

Abbas Poimen sucht mit großer Geduld den Bruder, der Negatives über einen anderen gehört hat, davon abzuhalten, deswegen den Ort zu verlassen. Alle Gründe, dass der Bruder wirklich ein Fehlverhalten an den Tag gelegt hat, lässt Poimen nicht gelten. Der Mönch, der diesem Bruder das Negative über den andern erzählt hat, ist für Poimen nicht glaubwürdig. Denn ein glaubwürdiger Mönch erzählt keine Fehler weiter über andere. Und auch das letzte Argument des Bruders, dass er doch das Fehlverhalten des andern mit eigenen Augen gesehen habe, lässt Poimen nicht gelten. Und Poimen konkretisiert das Wort Jesu, dass wir den Splitter im Auge des Bruders sehen und den Balken im eigenen Auge übersehen (vgl. Mt 7,3). Poimen vergleicht den kleinen Strohhalm, den er dem Mönch vor Augen hält, mit der Sünde des Bruders, über den sich der Mönch aufgeregt hat. Und die Balken am Dach des Kellions vergleicht Poimen mit den Sünden des Bittstellers.

Diese Geschichte verdeutlicht eindrücklich die Warnung der Mönche, nicht über andere zu richten. Denn damit erheben sie sich über andere. Sie sollen vielmehr die Sünden des andern als Spiegel sehen, in dem sie die eigenen Sünden entdecken. Oder zumindest erkennen sie im Spiegel der fremden Fehler, wozu sie selbst fähig sind. Vielleicht hat Gott sie bisher vor diesem Fehler bewahrt. Aber das ist nicht das eigene Verdienst. Es ist Gnade, für die sie dankbar sein sollen. Sie sollen sich nie über andere erheben und über andere richten. Das Richten macht einen blind für die eigenen Fehler. Und so macht der Mönch keinen Fortschritt mehr. Der Bruder, der wegen der Fehler des andern Mönches den Ort verlassen möchte, ist nicht bereit, seine eigene Seele ehrlich anzuschauen. Er meint, durch eine äußere Veränderung sich selbst zu bessern. Doch der eigentliche Kampf geschieht in der eigenen Seele. Wir sollen für unsere Probleme nicht andere verantwortlich machen. Es ist unsere Aufgabe, selbst gegen die logismoi zu kämpfen, die uns bedrängen. Abbas Tithoes nennt die Worte des Poimen Worte voller Freude und Schönheit. Worte, die den Worten Jesu gleichen, erfüllen uns mit Freude und machen uns schön.

41 Gedanken wie Wind

Ein Bruder kam zum Altvater Poimen und sagte: „Vater, ich habe vielerlei Gedanken und komme durch sie in Gefahr." Der Altvater führte ihn ins Freie und sagte zu ihm: „Breite dein Obergewand aus und halte die Winde auf!" Er antwortete: „Das kann ich nicht!" Da sagte der Greis zu ihm: „Wenn du das nicht kannst, dann kannst du auch deine Gedanken nicht hindern, zu dir zu kommen. Aber es ist deine Aufgabe, ihnen zu widerstehen." *Poimen 28*

Wir möchten am liebsten negative Gedanken wie Neid und Eifersucht und Zorn und Hass daran hindern, in uns einzudringen. Wir möchten sie mit Gewalt unterdrücken oder von uns ausschließen. Doch das gelingt nicht. Abbas Poimen zeigt in einem Bild sehr deutlich, dass das gewaltsame Ausschließen von Gedanken und Gefühlen nicht möglich ist. Die Gedanken werden sich Zutritt verschaffen, ob wir wollen oder nicht. So wie der Wind weht, ob wir wollen oder nicht, so werden auch die Gedanken immer wiederkommen und in uns eintreten. Aber es ist unsere Aufgabe, mit diesen Gedanken umzugehen, mit ihnen zu kämpfen und ihnen zu widerstehen. Doch dieses Widerstehen ist kein gewaltsames Kämpfen gegen die Gedanken. Vielmehr sollen wir mit den Gedanken sprechen und sie befragen, was sie von uns wollen. In einem anderen, ähnlichen Apophthegma sagt Poimen: „Lass die Gedanken ruhig in dich eintreten. Gib ihnen und nimm von ihnen, dann werden sie dich bewährter machen." In jedem Gedanken und Gefühl steckt ein Sinn. Wenn ich den Hass unterdrücke, wird er trotzdem wiederkehren. Oder er wird sich in mir zu einem zwanghaften Verhalten auswachsen. Das aber hindert mich am Leben. Wenn ich den Hass auslebe, wird er mich zerstören und auch den andern, den ich mit meinem Hass verfolge. Es geht darum, mit dem Hass, der mich einfach überfällt, ob ich will oder nicht, ein Gespräch anzufangen. Was will mir der Hass sagen? Er will mich einladen, mich selbst besser zu schützen vor einem Menschen, der mich verletzt, mich von seiner Macht zu befreien. Und der Hass ist die Einladung, mit meiner eigenen Kraft in Berührung zu kommen.

Das Wort von Abbas Poimen befreit uns vom schlechten Gewissen, wenn wir in uns Neid und Zorn und Hass und Eifersucht spüren. Die Gedanken dürfen sein. Aber unsere Aufgabe ist es, mit ihnen zu ringen und zu kämpfen. Wir sollen nicht gegen sie kämpfen, sondern mit ihnen. So wie ein Ringer seinen Gegner im Ringkampf genau kennen lernt mit seinen Stärken und Schwächen, so sollen wir uns im Ringen mit den Gedanken und Gefühlen mit ihnen vertraut machen, sie genau kennen lernen. Dann lernen wir auch ihre Tricks und Kniffe kennen. Und wir können besser mit ihnen kämpfen. Dann wird uns der Kampf zu einer Chance der Bewährung werden uns stärker werden lassen. Wir werden uns als wahr erweisen, als richtig und geeignet. Wahr heißt immer auch „vertrauenswürdig, freundlich". Wer selber durch den gewaltlosen Kampf mit seinen Gedanken und Gefühlen hindurchgegangen ist, der wird auch für andere Menschen vertrauenswürdig. Sie vertrauen ihm, weil sie spüren, dass da ein Mensch sich selber kennt und daher niemanden verurteilen wird. Und er wird freundlich sein. Weil er mit sich selbst freundlich umgeht, vermag er auch andern freundlich zu begegnen.

42 Geistlicher Gesang

Es sagte Abbas Hyperechios: „Ein geistlicher Gesang sei immer in deinem Mund und die Meditation erleichtere die Schwere der dich überkommenden Versuchungen: Ein einleuchtendes Beispiel ist dies: Ein schwerbeladener Wanderer, der durch Gesang der Wanderung die Mühe stiehlt." *J 669*

Meditation und geistliche Lieder werden in diesem Väterspruch als Hilfe gesehen, mit der Bürde des Lebens besser umzugehen. Abbas Hyperechios vergleicht unser Leben mit einem Wanderer, der schwer beladen ist und diese Last mit sich schleppen muss, um ans Ziel zu kommen. Damit er die Last nicht so spürt, fängt er an zu singen. Schon der hl. Augustinus hat unser Leben mit dem der Wanderer verglichen. Er sieht aber weniger die Last, die der Wanderer zu tragen hat, als vielmehr die Angst. Damals wanderte man normalerweise bei Nacht, um den Räubern zu entgehen. Aber vor der Nacht hatte man auch Angst. Daher sang man, um sich die Angst vor der Dunkelheit zu vertreiben. In einer Predigt sagt Augustinus: „Heute lasst uns singen, nicht um uns der Ruhe zu erfreuen, sondern um in der Drangsal Trost zu finden. So wie Wanderer zu singen pflegen: Singe, aber schreite aus! Singend tröste dich in der Not, liebe die Verdrossenheit nicht! ... Singe und geh deines Weges." Das Singen bringt uns mitten in unserer Angst, mitten in der Not und in der Stimmung der Verdrossenheit in Berührung mit dem Vertrauen und mit der Freude, die auf dem Grund unserer Seele sind.

Gebet und Meditation sind hier nicht etwas Pflicht-mäßiges, das wir tun müssen, um als fromme Menschen zu gelten. Es ist vielmehr eine Wohltat. Die Meditation lässt uns die Last nicht spüren, die wir mit uns schleppen. Das kann die Last unserer eigenen Lebensmuster sein, das kann die Last der Arbeit sein, oder überhaupt das Gefühl: Ich schaffe mein Leben nicht. Ich habe nicht genügend Kraft, um mich den Herausforderungen des Lebens zu stellen. Wenn ich meditiere, dann spüre ich die Last nicht. Ich komme in Berührung mit der inne-ren Quelle. Und diese Quelle erfrischt mich. Und ich habe das Gefühl, mit neuer Kraft meinen Weg gehen zu können.

Ähnlich ist es beim Singen. Ich kenne Menschen, die beim Spazierengehen vor sich her singen. Meine Mutter sang öfter beim Abspülen in der Küche. Das nahm ihr auch die Mühe der täglichen Hausarbeit. Das Singen bringt uns in Berührung mit der inneren Freude, die in uns ist, von der wir aber oft genug abgeschnitten sind durch die Sorgen und Mühen des Alltags. Im Singen nehmen wir uns nicht vor, dass wir uns freuen müssen. Indem wir singen, steigt die Quelle der Freude, die auf dem Grund unserer Seele schon vorhanden ist, an, so dass sie ins Bewusstsein dringt und unsere Emotion verwandelt.

43 Verwandelte Ruhmsucht

Ein Alter sagte: „Ich hasse die eitle Ruhmsucht der jungen Leute, weil sie sich abplagen und keinen Lohn haben. Sie blicken in Wirklichkeit auf den menschlichen guten Ruf." Ein anderer sehr weiser Alter sagte ihm: „Ich meinerseits stimme ihnen ganz und gar zu, denn es ist für einen jungen Menschen nützlich, Hilfe durch die eitle Ruhmsucht zu haben und nicht in Nachlässigkeit zu fallen. Wenn er die eitle Ruhmsucht hat, muss er sich tatsächlich auf jede Weise enthalten, wachen, sich üben, die Liebe gewinnen und Trübsale ertragen, in Aussicht auf das Lob. Nachdem er sich in dieser Weise verhalten hat, kommt die Gnade Gottes zu ihm, die ihm sagt: Warum plagst du dich nicht für mich ab, sondern für die Menschen? Dann lässt er sich überreden, nicht mehr auf den menschlichen Ruhm zu achten, sondern auf den Gottes." Als sie das hörten, sagten sie: „Wahrhaftig, so ist es." *N 616*

Die eitle Ruhmsucht galt bei den Mönchen als eines der acht Laster, das die Mönche zu bekämpfen hatten. Hier regt sich ein Altvater über die eitle Ruhmsucht junger Mönche auf. Sie fasten nur, um anzugeben. Sie wollen sich als gute Mönche auszeichnen. Doch ein anderer weiser Altvater lobt die jungen Mönche. Die Ruhmsucht treibt sie an, die Askese zu üben und ihre eigenen Stärken zu entwickeln. Der Rat des Altvaters erinnert an das Gleichnis Platons vom Seelenwagen, der von ungestümen Pferden der Leidenschaft gezogen wird. Doch es kommt auf den Lenker an, dass der Wagen nicht von der Bahn abkommt. Ein guter Lenker kann auch mit den ungestümen Pferden gut umgehen. So kann auch ein weiser Mönch mit den Leidenschaften gut umgehen und sie sogar nutzen, dass der Seelenwagen schneller vorankommt. Für die Mönche bedeutet das: Die Ruhmsucht drängt sie am Anfang ihres geistlichen Weges dazu, streng zu fasten, zu wachen und zu beten. Auch wenn sie es noch des guten Rufes wegen tun, so ist es doch gut für sie. Denn sie beschäftigen sich mit Gott. Und sie stärken ihren Willen bei der Askese. Irgendwann – so hofft der weise Mönch – merken die jungen Mönche dann schon, dass es sich nicht lohnt, um des menschlichen Ruhmes willen sich abzumühen. Und sie wenden sich mit ihrem ganzen Streben Gott zu. Gott verwandelt ihre Ruhmsucht in Eifer für das Reich Gottes, in Eifer für eine gesunde Spiritualität.

Was für die Mönche gilt, gilt auch für jeden Menschen, der sich auf den Weg der Selbstwerdung begibt. Am Anfang kann die Ruhmsucht für ihn eine gute

Motivation sein, an sich zu arbeiten, etwas zu lernen, sich im Beruf anzustrengen, um ein erfolgreicher Anwalt, Ingenieur, Arzt oder Psychotherapeut zu werden. Doch irgendwann wird er einsehen, dass die Motivation des guten Rufes nicht trägt. Ruhmsucht wird ihm irgendwann als leer erscheinen. So braucht er all das, was er getan hat, nur mit einem anderen Ziel umgeben: mit dem Ziel, Gott und den Menschen zu dienen. Das verwandelt sein Leben. Aber er würdigt das, was er bisher getan hat, ohne es zu verurteilen. Es ist ein weiser Rat, dass wir sogar ein Laster dazu benutzen können, auf unserem spirituellen Weg weiterzukommen und ein Mensch zu werden, der ganz und gar durchlässig wird für Gott.

44 Eifersucht

Abbas Poimen sagte: „Wohne nicht an einem Ort, wo du jemanden siehst, der gegen dich eifersüchtig ist, sonst schreitest du nicht fort." *Poimen 18*

Viele leiden unter der Eifersucht anderer Menschen. Wer im Beruf Erfolg hat, wird oft von anderen beneidet. Oder der Chef ist eifersüchtig, wenn ein Angestellter bei den Kunden oder Mitarbeitern beliebter ist als er selbst. Gerade egozentrische und narzisstische Chefs sind voller Eifersucht gegenüber denen, die besser bei den Leuten ankommen. Der Rat des Poimen scheint da unrealistisch zu sein. Wenn ich gut bin, wird es überall Menschen geben, die auf mich eifersüchtig oder neidisch sind. Wo soll ich dann überhaupt leben?

Ich würde den Rat des Poimen nicht wörtlich befolgen, aber als Bild ist er für mich auch heute eine hilfreiche Empfehlung. Ich soll nicht dort wohnen, wo jemand gegen mich eifersüchtig ist. Ich darf mich nicht an die Stelle begeben, wo andere eifersüchtig gegen mich sind. Ich soll sie einfach lassen in ihrer Eifersucht, aber mich nicht darum kümmern. Das ist ihr Thema. Ich soll ihnen keinen Vorwurf machen. Sie dürfen eifersüchtig sein. Aber ich entziehe mich ihrer Eifersucht. Ich wohne nicht dort, wo sie wohnen. Ich lasse mich nicht auf eine Auseinandersetzung mit ihnen ein. Ich lasse ihre Eifersucht bei ihnen und lebe mein Leben, als ob es die Eifersucht der andern nicht gäbe.

Wenn ich mich einlasse auf die Eifersucht der anderen, dann – so meint Poimen – schreite ich auf meinem Weg nicht fort. Ich kümmere mich dann nur um die Eifersucht. Entweder mache ich sie den andern zum Vorwurf. In diesem Fall werde ich über sie richten und urteilen. Das ist gegen das Gebot Jesu. Oder aber ich mache mich klein, entschuldige mich, dass ich meinen Weg konsequent gehe, dass ich dadurch Anerkennung bei den Menschen bekomme. Aber dann kann ich nicht weitergehen auf meinem Weg. Dann bleibe ich stehen, aus Angst, andere könnten neidisch werden. Auf dem Weg komme ich nur dann weiter, wenn ich auf Gott schaue, auf den hin ich unterwegs bin. Wenn ich auf die Eifersucht der andern schaue, wenn ich an dem Ort wohne, an dem mir die Eifersucht entgegenkommt, werde ich nicht weiter fortschreiten, sondern innerlich stehen bleiben.

45 Für sich allein

Man erzählte sich von Abbas Poimen: Wenn er in die gottesdienstliche Versammlung gehen wollte, dann setzte er sich zuerst für sich allein und untersuchte seine Gedanken, etwa eine Stunde. Und so ging er dann weg. *Poimen 32, Apo 606*

Am Sonntag gingen die Mönche, die sonst allein in ihren Zellen lebten, zur Kirche, um die Eucharistie zu feiern. Dort trafen sie die anderen Mönche. Und manchmal gab es dann zwischen den Mönchen Streit, oder aber man erzählte sich von seinen asketischen Leistungen und so wurde das Treffen manchmal durch oberflächliches Reden getrübt. Daher hatte Abbas Poimen diese Übung, bevor er zur Gemeinschaft der Brüder ging: Er setzte sich eine Stunde lang hin und untersuchte seine Gedanken. Was ist darunter zu verstehen? Offensichtlich prüfte er sich, ob seine Gedanken wirklich auf Gott gerichtet waren. Ging er zu den Brüdern, um von seiner strengen Askese zu berichten? Oder waren Gedanken der Unzufriedenheit in ihm? Er wusste: Dann würde er die Begegnung mit den Brüdern dazu nutzen, um diese Unzufriedenheit loszuwerden. Oder waren es aggressive Gefühle gegenüber einem anderen Bruder? In diesem Fall bestand die Gefahr, die Brüder zu missbrauchen: Sie würden über den anderen sprechen, und wenn er dann in sein Kellion zurückkehren würde, hätte er das Gefühl, dass das sonntägliche Treffen nur seine negativen Gefühle verstärkt hatte. Für Poimen ist die Weisung Jesu wichtig: „Richtet nicht, damit ihr nicht gerichtet werdet!" (Mt 7,1)

Die Übung, die Poimen jede Woche eine Stunde lang vor dem Gang zur Kirche gemacht hat, wäre auch für uns gut: Bevor ich in eine Besprechung gehe, prüfe ich meine Gedanken, ob ich die Sitzung dazu benutzen möchte, mich in den Mittelpunkt zu stellen, meine eigenen Gedanken durchzusetzen, einem anderen gegenüber meine feindselige Gesinnung auszuagieren. Oder aber ob ich ehrlich und absichtslos und mit der Offenheit komme, zuzuhören und auf Gottes Willen zu horchen. Diese Übung wäre auch gut, wenn wir einen Besuch machen bei einer befreundeten Familie oder aber bei einem Freund, einer Freundin. Wenn wir wie Poimen vorher unsere Gedanken untersuchen, dann wird der Besuch gut ablaufen und wir werden intensive Gespräche führen. Wenn ich aber aus dem alltäglichen Trubel heraus hingehe, werden auch unsere Gespräche an der Oberfläche bleiben. Ziel bei der achtsamen Untersuchung der Gedanken ist, dass ich meinen Geist innerlich ordne, dass ich ihn von Trübungen reinige. Den Geist trüben Leidenschaften wie Neid, Eifersucht, Rache, Groll, Bitterkeit, Machtgelüste, Ruhmsucht und Eitelkeit. Nur wenn ich mit einem reinen Herzen zu den Menschen gehe, werde ich die Begegnung mit ihnen als ein Geschenk erfahren dürfen und offen sein für das, was sie mir sagen. Und ich werde ganz im Augenblick sein, mich ganz auf den andern einlassen. Eine solche Begegnung verwandelt und beglückt.

46 Stille üben

Amma Theodora sagte: „Gut ist das Stillesein, und ein besonnener Mann übt die Stille. Denn wahrhaft groß ist es für eine Jungfrau oder einen Mönch, still zu sein, am meisten aber für die jungen. Aber wisse: Wenn einer sich vornimmt, still zu sein, da kommt sofort der Böse und beschwert die Seele mit Überdruss (akedia), Kleinmütigkeit und Gedanken. Auch den Leib beschwert er mit Krankheiten, Abspannung, Aufgelöstheit der Knie und aller Glieder. Er löst also die Kraft der Seele und des Leibes auf. Und wenn ich krank bin, kann ich auch nicht den Gottesdienst verrichten. Wenn wir aber wachsam sind, löst sich das alles auf. Da gab es einen Mönch. Als der begann, den Gottesdienst zu verrichten, erfasste ihn Kälte und Fieber, und der Kopf wurde durch eine Anspannung gestört. Und so sagte er zu sich: Sieh, ich bin krank und werde bald sterben. Bevor ich sterbe, will ich aufstehen und den Gottesdienst verrichten. Und durch diesen Gedanken bezwang er sich und verrichtete den Gottesdienst. Und als der Gottesdienst zu Ende war, hörte auch das Fieber auf. Und noch einmal widerstand ein Bruder diesem Gedanken, verrichtete den Gottesdienst und besiegte so den Gedanken." *Theodora 3*

Es gab nicht nur Wüstenväter, sondern auch Wüstenmütter. Sie geben oft ähnliche Ratschläge wie die Wüstenväter. Aber wenn wir ihre Sprüche mit denen der Männer vergleichen, können wir doch kleine Unterschiede wahrnehmen. Ein Unterschied ist, dass Frauen mehr über den Leib und über Krankheiten sprechen als die Männer. Theodora kennt den Segen der Stille, aber auch die Gefährdung der Stille. Sobald wir stille werden, kommen die Dämonen und wollen uns von der Stille abhalten. Ihre Methode ist, dass sie unsere Seele mit akedia, mit Überdruss und Lustlosigkeit beschweren und dass sie auch den Leib beeinträchtigen durch allerlei Krankheiten und Beschwerden. Die Dämonen lösen die Kraft der Seele und des Leibes auf. Dann hat der Mönch keine Lust zum Beten. Er macht für sich lauter Ausnahmen und geht nicht zum Gottesdienst. Die Krankheit ist ja Grund genug, sich zu entschuldigen und sich von den Gottesdiensten fernzuhalten. Doch das tut dem Mönch nicht gut.

Amma Theodora erzählt ein Gegenbeispiel. Ein Mönch war auch krank und wollte zuerst nicht in den Gottesdienst gehen. Doch dann sagte er: Ich bin krank und werde bald sterben. Gerade deswegen will ich in den Gottesdienst gehen. Statt die Krankheit als Ausrede zu benutzen, nicht in den Gottesdienst zu gehen, nimmt er sie als Motivation, gemeinsam mit den Brüdern den Gottesdienst zu feiern. Als er diesem inneren Gedanken folgte, hörte das Fieber auf einmal auf. Da merkte der Mönch, dass das Fieber auch ein Vorwand sein kann, sich von den religiösen Pflichten zu dispensieren.

Ich kenne Menschen, die noch zur Arbeit gehen, wenn sie krank sind. Dabei wäre es besser, wenn sie die Krankheit als Einladung sehen würden, sich einmal die Zeit für die Genesung zu gönnen. Aber es gibt auch Menschen, die jede kleine Unpässlichkeit als Vorwand nehmen, sich dem Leben nicht zu stellen. Es braucht auch hier die Gabe der Unterscheidung, um zu spüren, ob ich die Krankheit als Ausrede benutze, um mich vom Gottesdienst oder von der Arbeit zu dispensieren, oder ob ich die Krankheit in aller Demut annehmen und mir die nötige Zeit der Genesung gönnen soll.

47 Kühle Quellen

Poimen sagte wiederum: „Es ist geschrieben: Wie der Hirsch sich nach den Wasserquellen sehnt, so sehnt sich meine Seele nach dir, Gott. (Ps 41,2) Da die Hirsche in der Wüste viele Schlangen verschlingen, brennt in ihnen das Gift im Magen, und sie begehren, an Wasser zu kommen. Sie trinken und kühlen sich wegen des Giftes der Schlangen. So auch die Mönche, die in der Wüste wohnen. Es brennt in ihnen wegen des Giftes der bösen Dämonen, und sie sehnen den Samstag und den Sonntag herbei, damit sie zu den Wasserquellen kommen, das heißt zum Leib und Blut des Herrn, um sich von der Bitterkeit des Bösen zu reinigen." *Poimen 30*

Poimen vergleicht den Mönch, der in der Wüste mit den Dämonen kämpft, der sich den Versuchungen durch die Leidenschaften stellt, mit einem Hirsch, der Schlangen tötet. Der Hirsch ist schneller als die Schlange. Die Schlange kann ihm nicht schaden. Aber wenn der Hirsch die Schlange gefressen hat, dann brennt ihr Gift in seinem Magen. So ist es mit dem Mönch. Wenn er wie der Hirsch gegen die Leidenschaften der Seele kämpft, so bekommt er doch auch die Bitterkeit des Bösen mit. Er kann nicht mit den Emotionen, Bedürfnissen und Leidenschaften kämpfen, ohne von ihnen infiziert zu werden. Die Gefahr des Bösen ist für Poimen, dass schon allein die Berührung mit dem Bösen einen bitteren Geschmack im Menschen erzeugt. Der Kampf mit den Leidenschaften, bei dem wir immer auch Niederlagen erleiden, kann uns bitter werden lassen. So sehnen sich die Mönche wie der Hirsch nach frischen Wasserquellen.

Für Poimen sind die Wasserquellen des Mönches die Eucharistiefeier, die die Mönche am Samstag und Sonntag jeweils feierten, wenn sie aus ihren Einsiedeleien bei der Kirche zusammenkamen. Am Samstag und Sonntag sangen sie miteinander die Psalmen und feierten gemeinsam Eucharistie. Was Poimen über die Mönche sagt, ist für jeden ein Trost. Ob wir wollen oder nicht, wir bekommen immer auch die Bitterkeit des Bösen mit. Psychologen haben die Verbitterung als wesentliches Thema in der Therapie erkannt. Viele Menschen sind verbittert, weil ihr Leben nicht so verlaufen ist, wie sie sich das vorgestellt haben. Sie sind verbittert, weil ein anderer sie verletzt hat, weil sie in der Firma gemobbt werden, weil sie in ihrer Umgebung auf Widerstand und Feindschaft stoßen. Es gibt viele Formen des Bösen, die in uns Bitterkeit auslösen. Ein Weg, die Bitterkeit zu überwinden, ist für die Mönche das Gebet, in dem sie ihre Bitterkeit Gott hinhalten und sich vorstellen, dass Gottes Liebe in diese Bitterkeit einströmt und sie verwandelt. Die intensivste Form, die Liebe Gottes in die Bitterkeit eindringen und sie verwandeln zu lassen, ist die Eucharistie. Wenn wir Leib und Blut Christi essen und trinken, dann dringt die menschgewordene Liebe Gottes in unseren Leib und unsere Seele und durchdringt alles, was in uns ist, auch die Bitterkeit. Essen und Trinken sind die intensivsten Formen der Integration. Die Liebe Jesu, mit der er uns am Kreuz bis zur Vollendung geliebt hat, durchdringt in der Kommunion alles in uns und verwandelt es. Sie macht das Bittere in uns süß.

Die Kirchenväter haben die Geschichte vom Bitterwasser in diesem Sinn ausgelegt. Als die Israeliten nach dem Durchzug durch das Schilfmeer drei Tage lang in die Wüste gewandert waren, fanden sie kein Wasser. „Als sie nach Mara kamen, konnten sie das Wasser von Mara nicht trinken, weil es bitter war." (Ex 15,23) Das Volk murrt gegen Mose. Mose wendet sich an Gott. „Der Herr zeigte ihm ein Stück Holz. Als er es ins Wasser warf, wurde das Wasser süß." (Ex 15,25) Die Kirchenväter haben das Holz, das bitteres Wasser in süßes Wasser verwandelt, als Bild für das Kreuz gesehen. Jesus verwandelt durch sein Kreuz in uns das Bittere in Süßigkeit, in den Geschmack der Liebe. Johannes hat dieses Bild in seiner Schilderung des Kreuzes aufgegriffen. Damit

die Schrift erfüllt wurde, sagte Jesus am Kreuz: „Mich
dürstet." (Joh 19,28) Wie die Israeliten in der Wüste, hat
Jesus Durst. Die Soldaten geben ihm einen Schwamm
mit Essig zu trinken. Jesus trinkt am Kreuz die Bitterkeit unseres Lebens aus und verwandelt sie so in Süßigkeit. „Als Jesus von dem Essig genommen hatte, sprach
er: Es ist vollbracht!" (Joh 19,30) Das Wort „vollbracht,
vollendet" – im Griechischen: „tetelestai" – bezieht sich
auf das Werk der Liebe, das im Kreuz vollendet worden
ist. Es kann sich aber auch auf das vollendete Werk der
Erlösung beziehen, das im Werfen des Holzes in das
Bitterwasser vorgebildet wurde. In diesem Augenblick
vollendet Jesus das, was Mose in der Wüste getan hat.
Für uns alle wird das bittere Wasser nur trinkbar, weil
es von der Liebe Jesu verwandelt worden ist.

48 Barmherzig mit den Schwachen

Ein Bruder fragte den Abbas Poimen und sagte: „Wenn ich einen Bruder sehe, von dem ich eine Verfehlung gehört habe, will ich ihn nicht in mein Kellion bringen, wenn er aber gut ist, freue ich mich mit ihm." Es sagte ihm der Alte: „Wenn du einem guten Bruder ein wenig Gutes tust, dann tue jenem (d. h. dem anderen mit dem Fehltritt) das Doppelte, denn dieser ist schwach." Es war nämlich einer im Koinobion eines Anachoreten namens Timotheos. Und der Leiter dieses Koinobions hörte ein Gerücht über jenen Bruder bezüglich einer Versuchung und er befragte den Timotheos über jenen. Und er kam mit dem Bruder überein, den Bruder hinauszuwerfen. Als er den aber hinausgeworfen hatte, legte sich die Versuchung des Bruders auf Timotheos, so dass er in Gefahr geriet. Timotheos weinte nun vor Gott und sprach: „Ich habe gesündigt, verzeihe mir." Und es kam eine Stimme zu ihm, die sprach: „Timotheos, glaube nicht, dass ich dir das aus einem anderen Grunde angetan habe, weil du an deinem Bruder zur Zeit seiner Versuchung vorbeigesehen hast." *Poimen 70*

Bei den Mönchen war es nicht anders als in der heutigen Gesellschaft. Wenn jemand einen Fehler macht, dann schließen wir ihn aus der Gemeinschaft aus. Wir isolieren ihn, beschuldigen ihn und behandeln ihn wie einen Sündenbock. Wir verurteilen ihn als Sünder. Poimen gibt den Rat, sich gerade um solche Brüder zu kümmern, ganz gleich, ob sie den Fehler tatsächlich begangen haben oder ob sie nur beschuldigt werden. Auf jeden Fall – so meint Poimen – sind solche Brüder schwach. Und gerade als schwache Brüder brauchen sie unsere Zuwendung und Unterstützung. Wir sollen uns ihnen noch mehr zuwenden als den starken Brüdern.

Das Beispiel, das Poimen erzählt, ist eindrucksvoll. In einer klösterlichen Gemeinschaft entsteht ein Gerücht über einen Bruder. Der Leiter bespricht den Fall mit Timotheos, der offensichtlich eine Art geistliche Autorität in dieser Gemeinschaft war. Beide, der Leiter und Timotheos, kommen überein, den Bruder auszuschließen. Sie hatten offensichtlich Angst, dass er die andern negativ beeinflussen könne. Doch als sie ihn ausgestoßen hatten, legte sich die Versuchung, die den ausgeschlossenen Bruder geplagt hatte, nun auf Timotheos. Jetzt merkt er, dass er genauso gefährdet ist wie dieser Bruder. Er hatte sich über ihn erhoben und die Schuld nur ihm zugeschoben. Jetzt muss er in aller Demut erkennen, dass er in die gleiche Versuchung geraten ist wie der Bruder. Oft verurteilen wir andere so heftig, weil wir in uns die gleiche Versuchung spüren. Aber wir wollen sie uns nicht eingestehen. Indem wir den andern verurteilen, hoffen wir, von der Versuchung frei zu werden. Doch das Beispiel des Poimen zeigt, dass dann die Versuchung mit umso größerer Heftigkeit auf uns einströmt. Die Fehler, die wir dem Sündenbock anhängen, kommen zu uns zurück.

Poimen spricht aber hier nicht so sehr vom Verurteilen, sondern davon, dass Timotheos an seinem Bruder zur Zeit der Versuchung vorbeigesehen hat. Er hätte ihn nicht nur nicht verurteilen dürfen, er hätte sich vielmehr besonders um ihn kümmern müssen. Denn dieser hätte damals gerade Hilfe gebraucht und nicht Verurteilung. Wenn wir die Menschen in unserer Umgebung mit diesem Bild anschauen, dass sie unsere Hilfe brauchen, dann würde unsere Gesellschaft menschlicher werden. Einen Sündenbock nach dem andern aus der menschlichen Gesellschaft auszuschließen, reinigt sie nicht, sondern macht sie nur brutal und hartherzig. Die versucht werden von Fehlern, brauchen unsere Unterstützung und unsere Barmherzigkeit. Das könnte sie stärken. Und es würde uns demütiger machen und uns vor der Verurteilung bewahren.

49 Der Gedanke davor

Es sagte Abbas Poimen: „Wenn ein Bruder dich besucht, und du siehst, dass er dir mit seinem Eintritt nicht nützt, suche in deinem Geist und schaue, welches dein Gedanke war, den du vor seinem Kommen hattest. Dann wirst du auch die Ursache der Nutzlosigkeit erkennen. Wenn du das in Demut und Gewissenhaftigkeit tust, dann wirst du mit deinem Nächsten untadelig sein und seine Fehler ertragen. Wenn nämlich ein Mensch mit Vorsicht seinen Sitz bereitet, wird er nicht anstoßen, denn Gott ist vor ihm. Wie ich es sehe: Aus diesem Sitzen gewinnt ein Mensch die Furcht Gottes." *Poimen 175*

Wir meinen oft: Dieser Mensch tut mir nicht gut. Er stört meine Ruhe. Ich möchte viel lieber lesen oder meditieren, aber dieser Mensch stört mich. Er hat eine negative Ausstrahlung. Die Begegnung mit ihm bringt mir nichts. Er ist so oberflächlich. Es ist nutzlos mit ihm zu reden. Von ihm kann ich nichts lernen. Poimen lässt dieses Argumentationsmuster nicht gelten. Er sagt: Wenn die Begegnung mit einem Bruder nicht gut verläuft, wenn du das Gefühl hast, dass es nur oberflächliches Geschwätz ist, dann prüfe dich zuerst einmal selbst. Und zwar beobachte deine Gedanken, die du vor dem Besuch des Bruders hattest. Wahrscheinlich warst du nicht in deiner Mitte. Du hast dich mit irgendeinem Ärger beschäftigt. Und der Bruder hat diesen Ärger in dir verstärkt. Aber wenn du im Frieden gewesen wärst mit dir, wärst du dem Bruder anders begegnet. Poimen ist überzeugt: Wenn ich in Demut und Gewissenhaftigkeit meinen Geist erforsche und ihn reinige, dann gibt es keinen Bruder, der mir schadet. Dann kann ich auch seine Fehler ertragen, ohne ihn zu verurteilen. Aber ich lasse mich von ihm nicht aus meiner Mitte herausbringen.

Oft erleben wir Menschen, die unzufrieden sind. Wenn sie zu uns kommen, erzählen sie, was alles schiefläuft. Und dann stimmen wir ein in dieses Jammern über die schlechten Menschen und die schlimmen Zustände. Oder aber wir fühlen uns genervt. Wir möchten gerade unsere Ruhe genießen. Jetzt kommt da einer, der sie stört. Poimen sagt: Wenn du ganz ruhig bist, wenn du in deiner Mitte bist, im Einklang mit dir selbst, dann kann der andere dich gar nicht in deiner Ruhe stören. Dann steckst du ihn vielmehr mit deiner Ruhe an. Deine Klarheit und deine Barmherzigkeit vermögen, den Bruder zu verwandeln. Wer achtsam im Augenblick lebt, wer in seinem inneren Raum der Stille weilt, in dem Gott selbst in ihm wohnt, der – so meint Poimen – wird auch an einem oberflächlichen und unzufriedenen Bruder nicht Anstoß nehmen. Er bleibt in seiner Mitte, in seiner Barmherzigkeit: „Denn Gott ist vor ihm." Gott ist wie ein Schutzschild, der ihn vor dem negativen Einfluss des andern schützt. Und aus diesem Schutz heraus vermag er, positiv auf den Besucher einzuwirken. Seine barmherzige Ausstrahlung wird auch den Besucher verwandeln, anstatt selbst von ihm zum Negativen hin verwandelt zu werden.

50 Das Nickerchen

Einige von den Alten kamen zum Altvater Poimen und sagten zu ihm: „Wenn wir beim Gottesdienst Brüder einnicken sehen, willst du, dass wir ihnen einen Stoß geben, damit sie in der Vigilie wachen?" Er erwiderte: „Wahrlich, wenn ich einen Bruder einnicken sehe, dann leg ich seinen Kopf auf meine Knie und lasse ihn ruhen." *Poimen 92, Apo 666*

Abbas Poimen zeichnet sich auf der einen Seite aus durch seine radikale Askese, zum andern aber auch durch seine Barmherzigkeit den Brüdern gegenüber. Einige Brüder fragen ihn, ob sie Brüder, die beim Gottesdienst einnicken, wecken sollen, damit sie auch gut beten können. Das ist ja durchaus ein verständlicher Wunsch. Man möchte ihnen ja helfen, dass sie wach mitbeten können. Doch Poimen erzählt, wie er selber mit einer solchen Situation umgeht: Er weckt den Bruder nicht auf, sondern legt seinen Kopf auf seine Knie, damit er bequemer ruhen kann. Offensichtlich ist Poimen der Meinung: Wenn der Bruder müde ist, dann braucht er den Schlaf. Und wenn er beim Beten der anderen einschläft, fühlt er sich dennoch getragen vom Gebet der Brüder. Er muss gar nicht selber mitbeten. Und vor allem muss er nicht gegen seine Müdigkeit ankämpfen und sich zwingen, mitzubeten. Entscheidend ist sein Wille, dass er ins Gebet gekommen ist und mitbeten möchte. Vielleicht denkt Poimen auch an das Wort aus dem Psalm: „Der Herr gibt es den Seinen im Schlaf." (Ps 127,2)

Man spürt den Unterschied zwischen den Brüdern, die sich selbst und andere offensichtlich unter einen spirituellen Leistungsdruck stellen, und Poimen, der selbst ein intensives spirituelles Leben führt, aber gerade deswegen so großzügig sein kann andern gegenüber. Oft ist unsere Strenge andern Brüdern oder Schwestern gegenüber ein Ausdruck, dass wir gegen die eigenen Schwächen kämpfen. Die Brüder, die den schlafenden Mitbruder aufwecken wollen, kämpfen wahrscheinlich gegen ihre eigene Müdigkeit an, die sie sich aber verbieten. So sind wir vor allem dann streng gegenüber andern, wenn wir Angst haben vor der eigenen Laxheit, vor der eigenen Tendenz, es mit dem Beten nicht so ernst zu nehmen. Ein Zeichen gesunder Spiritualität ist immer die Barmherzigkeit andern gegenüber. Poimen war sicher hart gegen sich selbst, aber sanftmütig gegenüber andern. Es gibt auch Mönche, die hart sind sich selbst gegenüber, aber genauso hart auch andern gegenüber auftreten. Da hat ihre Härte sich selbst gegenüber nichts mit Freiheit

zu tun, sondern eher mit Angst vor den eigenen Schwächen. Und diese Angst projizieren sie dann auch auf die
andern.

51 Weinen und Lachen

Einst starb in der Sketis ein Altvater. Die Brüder umstanden sein Bett, um ihm beizustehen und ihn zu beweinen. Er aber öffnete seine Augen und lachte, öffnete wieder seine Augen und lachte ein zweites Mal und tat dasselbe ein drittes Mal. Da fragten ihn die Brüder: „Sage uns, Vater, warum du lachst, während wir weinen?" Der Altvater antwortete: „Zum ersten Mal habe ich gelacht, weil ihr alle den Tod fürchtet. Zum zweiten Mal, weil ihr nicht bereit seid. Und zum dritten Mal, weil ich von der Arbeit hingehe zur Ruhe." *(III,159) Apo 999 (bei Miller)*

Der Väterspruch zeigt, welche Einstellung die Altväter zum Tod hatten. Die Brüder kommen, um dem Sterbenden beizustehen. Sie weinen dabei vor Trauer, dass sie ihn verlieren. Und vermutlich weinen sie auch, weil sie Angst haben vor dem Tod, weil sie ihn als etwas Trauriges sehen, etwas Schweres, als ein hartes Gericht Gottes, vor dem der Sterbende erscheinen muss. Doch der Altvater reagiert ganz anders, als die Brüder das erwarten. Er lacht dreimal auf. Für ihn ist der Tod nichts Hartes. Er freut sich, von der Arbeit zur Ruhe zu kommen. Der Tod ist für ihn das Tor zur Ruhe. Hier hat er sein Leben lang gekämpft. Jetzt darf er ausruhen in Gott. Aber der Altvater lacht auch über die Brüder. Das Lachen verwandelt sie eher als eine moralisierende Predigt, dass sie sich doch vor dem Tod nicht zu fürchten brauchen. Eine Moralpredigt bewirkt meistens nicht viel. Doch das Lachen bleibt den Brüdern in Erinnerung. In unserer Geschichte erhebt sich ein Sterbender lachend über die Todesangst. Der Altvater möchte die Brüder nicht auslachen und durch sein Lachen demütigen. Aber mit seinem Verhalten ermöglicht er es den Brüdern, selbst über ihre Todesangst zu lachen. Auf einmal werden ihre schweren Gedanken und Gefühle leicht. Durch das Lachen entsteht eine heitere Atmosphäre. Die Atmosphäre wird verwandelt, und so kann sich auch die Einstellung der Brüder wandeln. Die Atmosphäre prägt ja immer auch unsere Stimmung, und wenn sie niederdrückend ist können wir uns dem kaum entziehen. Indem der sterbende Altvater dreimal lacht, schafft er ein anderes Klima im Raum. Auf einmal können auch die Brüder über ihre Todesangst lachen. Und sie erkennen, dass ihr Weinen nur Ausdruck dafür war, dass sie nicht bereit sind, sich im Tod in Gottes Hände fallen zu lassen. Obwohl sie durch ihre Askese sich von der Welt verabschiedet hatten, erkannten sie, dass sie doch noch an der Welt und am Leben hängen. Ihre Askese hat sie doch noch nicht von ihrem Ego befreit. Das Lachen des Sterbenden wird so zu einer heiteren Belehrung, einer Belehrung, die sie nicht beschämt, sondern ihre egozentrische Haltung auf liebenswürdige Weise sichtbar macht. Es wird nicht berichtet, wie die Brüder reagiert haben. Aber allein die Tatsache, dass dieser Väterspruch weitererzählt wurde, zeigt, dass die Brüder das Lachen des Altvaters verstanden und daraus für ihre eigene Einstellung zum Tod eine wichtige Lehre gezogen haben.

52 Suche Gott!

Es sagte Abbas Sisoes: „Suche Gott, aber suche nicht, wo er wohnt." *Sisoes 40*

Der hl. Benedikt sieht die Aufgabe des Mönches darin, sein Leben lang Gott zu suchen. Benedikt übernimmt damit das Ideal des ägyptischen Mönchtums. Die Mönche waren in die Wüste gezogen, um Gott zu suchen. Auf diesem Weg der Gottsuche sind sie jedoch auch sich selbst und der eigenen Wahrheit begegnet. Gott suchen bedeutet immer auch, sich selbst, sein wahres Selbst zu suchen. Gott ist immer auch der Unbegreifliche. Wir werden ihn manchmal spüren und erfahren. Aber wie es Mose erging bei seiner intensiven Gotteserfahrung am Berg Sinai: Wir können nur die Rückseite Gottes sehen (vgl. Ex 33,22 f). Wir können nur die Spur Gottes in der Natur und in unserem Herzen entdecken. Aber Gott selbst können wir nicht schauen.

Abbas Sisoes ermahnt die Mönche, sie sollten zwar Gott suchen, aber nicht den Ort, an dem er wohnt. Sisoes war ein Schüler des großen Makarios. Die Überlieferung zeigt, dass er eine ehrfurchtgebietende Gestalt war, anerkannt wegen seiner Weisheit und berühmt wegen seiner Askese, die das Maß normaler Mönche überstieg. Hier sagt er nur ein kurzes Wort. Doch gerade darin zeigt er seine Weisheit. Die Mönche – so sagt er – sollen sich Gott nicht vorstellen wie einen Menschen, der einen festen Wohnsitz hat. Gott ist überall. Er durchdringt die Natur. Er ist im Herzen des Menschen. Er ist in der Gemeinschaft der Betenden anwesend. Aber er lässt sich nicht festlegen auf einen bestimmten Ort. Und daher sollen wir es aufgeben, ihn an einen Ort zu binden und diesen Ort zu suchen. Die Suche nach Gott verlangt vielmehr, dass wir ihn immer und überall suchen, ohne dass wir ihn besitzen möchten. Auf dieser Suche brauchen wir immer wieder Bilder von ihm, die unsere Sehnsucht wachhalten. Aber wir müssen dennoch wissen, dass er jenseits aller Bilder ist. Gott an einen Ort zu binden, wäre ein zu einseitiges Bild, das ihn festlegen möchte. Doch die Suche nach Gott bedeutet, dass wir selbst uns nicht einrichten an einem Ort. Die Mönche haben sich an den Ort des Kellions gebunden. Aber sie waren trotzdem immer auf dem Weg. Sie waren innerlich auf dem Weg. Gerade das Ausharren im Kellion war für sie eine Hilfe, ihre Gottsuche nicht durch äußere Unruhe zu verdunkeln. Gerade wenn man im Kellion bleibt und scheinbar nicht viel los ist, ist das eine Herausforderung, den inneren Weg der Gottsuche zu gehen und nie auf diesem inneren Weg stehen zu bleiben.

Glossar und Worterklärungen

Abbas, Altvater

Abbas heißt eigentlich Vater. Mit diesem Namen hat man erfahrene Mönche bezeichnet, die zum geistlichen Begleiter und Lehrer für andere geworden sind. Sie waren nicht immer alt an Jahren. Aber eine wesentliche Eigenschaft des Altvaters war seine Weisheit. Da er vom Geist Gottes durchdrungen war, war er eine Autorität für andere Mönche. Wichtige und einflussreiche Väter waren neben dem ersten Mönchsvater Antonios oder Abbas Poimen u. a. etwa Abbas Silvanos oder Paphnutios der Kephalas, Makarius, Isaias, Johannes Kolobos, Pambo, die hier mit Weisheitssprüchen vertreten sind. Manche der Texte werden auch keinem konkreten Mönch zugeordnet.

akedia

Akedia kann man kaum übersetzen. Es ist die Unfähigkeit, im Augenblick zu sein. Man ist immer unzufrieden. Evagrius schildert die Akedia als Lustlosigkeit: Man hat weder Lust zum Beten, noch zur Arbeit, ja nicht einmal zum Nichtstun. Man kann sich nicht auf den Augenblick einlassen. Cassian und Evagrius umschreiben daher die akedia mit vielen anderen Begriffen wie: schlechte Laune, Ekel am Leben, Unlust, Trübsinn,

Überdruss, Gefühl von Sinnlosigkeit, Abgestumpftheit. Man könnte sie auch als innere Verwahrlosung oder Vernachlässigung, Verschlampung bezeichnen. Was nicht in Ordnung gebracht wird, was nicht sorgfältig beachtet wird, das verschlampt und verwahrlost.

Amma

Amma ist der Ausdruck für eine Wüstenmutter. Es gab damals auch viele Frauen, die als Einsiedlerinnen in die Wüste gingen. Sie werden oft gepriesen wegen ihrer „männlichen Kraft". Das bedeutet, dass sie in der Weisheit und Askese den Wüstenvätern gleichkamen. Aber sie haben sich in der Art ihrer geistlichen Begleitung von den Männern unterschieden. Sie zeigten mehr Mitgefühl und Barmherzigkeit als manche Wüstenväter. Amma Synkletika und Amma Theodora sind in unserer Sammlung mit weisheitlichen Sprüchen vertreten.

Antirrhetische Methode

Die antirrhetische Methode wurde von Evagrius Ponticus beschrieben. Es ist die „Gegenwort-Methode". Evagrius beschreibt die negativen Einreden, die mit den acht „logismoi" verbunden sind. Und gegen diese negativen Einreden sucht man sich bewusst in der Bibel eine positive Einrede, um dadurch die negativen Gedanken und Emotionen zu verwandeln. Ein Beispiel: Gegen die Einrede: „Ich habe Angst. Das kann ich nicht. Was denken die Leute von mir?" sage ich mir den Psalmvers vor: „Der Herr ist mit mir, ich fürchte mich nicht. Was können Menschen mir antun?" (Ps 118,6) Ich rede mir kein Vertrauen ein. Das Wort bringt mich vielmehr in Berührung mit dem Vertrauen, das neben meiner Angst auf dem Grund meiner Seele schon da ist. Durch das Wort wird das Vertrauen in mir aufgeweckt, so dass es auch mein Bewusstsein prägen kann.

Antonios der Große

Geb. ca. 251, gest. 356, ging als Erster um das Jahr 270 in die Wüste. Der Satz aus dem Evanglium „Wenn Du vollkommen sein willst, dann verkaufe alles, was Du hast, und gibt es den Armen" (Mt 19, 21) soll den Sohn eines reichen Bauern dazu gebracht haben, ein radikales Leben als Einsiedler zu beginnen. Zahlreichen Ratsuchenden und Gottsuchern wurde er zum Vorbild. Die Beschreibung seines Lebens durch den hl. Athanasius wurde einflussreich. Sie hat viele junge Männer dazu gebracht, in die Wüste zu gehen, um Mönch zu werden wie Antonios.

Dämonen

Die Mönche sprechen oft von den Dämonen. Dabei bezeichnen sie die „logismoi" oft als Dämonen. Die Dämonen geben den Mönchen die „logismoi", die Gedanken und Leidenschaften ein, sie bewirken im Mönch die Leidenschaften und stacheln sie an. Dämonen sind keine Personen, aber sie werden oft personifiziert dargestellt, als Geister, die von außen auf mich einströmen und manchmal die Gestalt eines Menschen oder sogar Engels annehmen können. Dämonen sind Bilder für eine Wirklichkeit, über die man nur in Bildern sprechen kann. Wenn die Mönche von Dämonen sprechen, dann ist das für sie eine Hilfe, gegen die Gedanken zu kämpfen. Denn sie sehen die Gedanken als etwas, was von außen auf sie zukommt. Sie sprechen die Gedanken mit Namen an. Sie benennen den Dämon. Dadurch können sie die diffusen Gedanken konkretisieren und sich von ihnen distanzieren oder mit ihnen ringen. Zum geistlichen Weg gehört es, sich vertraut zu machen mit den Dämonen und ihren Tricks. Psychologisch ausgedrückt: Es gilt die Mechanismen der eigenen Seele zu erkennen und zu durchschauen.

Demut

Demut ist eine der wichtigsten Tugenden im Mönchtum. Im Lateinischen heißt sie „humilitas". Es ist der Mut, seine eigene Menschlichkeit, Erdhaftigkeit anzunehmen, hinabzusteigen in die Tiefe der eigenen Seele und dort auf dem Grund der Seele Gott zu suchen. Der Demütige steht mit beiden Füßen auf der Erde. Er kennt die Abgründe seiner Seele und erhebt sich nicht mit seiner Spiritualität über andere Menschen. Die Demut ist der Schutz echter Gotteserfahrung. Wer mit seiner Gotteserfahrung angibt, zerstört sie. Und er missbraucht seine Spiritualität, um sein narzisstisches Bedürfnis nach Grandiosität zu erfüllen. Die Demut wacht über die echte Spiritualität.

Diakrisis

Diakrisis ist die Unterscheidung der Geister. Der hl. Benedikt übersetzt sie mit „discretio". Und sie ist für ihn die höchste aller Tugenden. Sie befähigt, die verschiedenen Gedanken, die uns kommen, daraufhin zu untersuchen, ob sie vom Heiligen Geist kommen oder von den Dämonen oder aus uns selbst. Die Mönche erkennen an der Wirkung, woher sie kommen. Gedanken, die vom Heiligen Geist kommen, bewirken immer Lebendigkeit, Freiheit, Friede und Liebe. Gedanken, die von den Dämonen kommen, bewirken entweder Enge und Angst oder Überheblichkeit und Stolz. Man kommt sich dann besonders wichtig vor. Gedanken, die aus mir selber kommen, zerstreuen. Sie sind unverbindlich. Ich gehe in den Räumen meiner Phantasie spazieren.

Hesychia (Herzensruhe)

Die Mönche strebten nach der inneren Ruhe, nach der Herzensruhe, der hesychia. Die Mönche wurden auch Hesychasten genannt: die Ruhesuchenden. Der konkrete Weg zu dieser inneren Ruhe geht über die äußere

Abgeschiedenheit und über das Schweigen. Die Mönche schwiegen nicht nur äußerlich. Sie wollten auch ihre Gedanken zum Schweigen bringen. Die echte Herzensruhe ließ auch alle Anfechtungen, Begierden und Wünsche zur Ruhe kommen. Das war das Ziel des mönchischen Lebens.

Kellion

Kellion ist der Name für die Behausung der Mönche. Das Kellion ist die Mönchszelle. Es besteht entweder aus einer Höhle oder einer einfachen Hütte. Das Kellion war oft von einem Zaun umgeben, der auch ein kleines Feld einschloss, auf dem die Mönche ihr Gemüse anbauten. Der Mönch ist einer, der im Kellion sitzt. Er sitzt da, um zu meditieren. Aber auch beim Körbeflechten sitzt er. Für die Mönche wurde das Kellion zu einem wichtigen Mittel ihres geistlichen Weges. Sie erlebten immer wieder die Versuchung, das Kellion zu verlassen und lieber andere Mitbrüder zu besuchen oder etwas für andere zu tun. Doch oft sagt ein Altvater: Du brauchst weder zu beten noch zu fasten. Nur bleib in deinem Kellion. Halt dich aus in deinem Kellion. Dann wird dein Kellion dich alles lehren. Es zwingt dich, dich selbst auszuhalten und deine Wahrheit Gott hinzuhalten. Nur durch dieses Aushalten kann sich etwas in dir wandeln.

Koinobion

Die Mönche lebten normalerweise als Eremiten. Doch es gab auch Klostergemeinschaften. Sie nennt man „Koinobion". Das kommt vom griechischen Wort „koinos bios" = „gemeinsames Leben". Der eigentliche Gründer des Klosters war Pachomius. Er gründet einen großen Klosterverband mit strengen Regeln. Es gab aber auch kleinere Gemeinschaften. Benedikt gab der Klostergemeinschaft den Vorzug vor dem eremitischen Leben. Die Mönchsgemeinschaft sollte die Urkirche nachahmen, die „ein Herz und eine Seele" war (Apg 4,32).

Logismos

Logismos meint den Gedanken, aber nicht einfach irgendeinen Gedanken, sondern ein ganzes Gedankengebäude, innere Einflüsterungen, die mich vom wahren Weg abbringen wollen, versucherische Gedanken, die mich auf die Probe stellen. Es sind nicht nur Gedanken, sondern auch Emotionen und Leidenschaften wie Zorn oder Trauer oder Gier oder Ruhmsucht. Die Askese der Mönche drehte sich vor allem um den richtigen Umgang mit den „logismoi". Dabei geht es nicht um Verdrängen oder Unterdrücken, sondern um ein Ringen mit den Leidenschaften, damit der Mönch die Kraft, die in den Leidenschaften steckt, für sein geistliches Leben fruchtbar machen kann. Er soll sich nur frei machen von der

Herrschaft der Leidenschaften. Es geht um ihre Verwandlung und nicht um das Abschneiden.

Metanie

Metanie (griechisch „Metanoia" = „Sinnesänderung, Umkehr, Reue, Buße") bezeichnet eine Niederwerfung. Die Mönche warfen sich nach jedem Psalm auf die Erde nieder, um die Worte der Psalmen nachklingen zu lassen. Und es gab die Übung, 100 Metanien hintereinander zu üben, um frei zu werden von allen Gedanken. Der ganze Leib wird durch die Metanien auf Gott hin ausgerichtet. Das Ego beginnt zu schweigen.

Moses

Genannt „der Ägypter", ein Sklave, der von seinem Herrn wegen Diebstahl davongejagt und später Anführer einer gefürchteten Räuberbande wurde, bevor er als Mönch in der Sketis zu Ruhm kam, dies vor allem wegen seiner Willensstärke und seiner Demut. Im Alter von 70 Jahren wurde er von Barbaren ermordet. Er ließ 70 Schüler zurück.

Paphnutios

Geboren zu Beginn des vierten Jahrhunderts wurde er Mönch unter dem Einfluss von Abbas Antonios und lebte zunächst in einem Koinobion. Später führte er ein Einsiedlerleben. Um 373 wurde er Nachfolger des Abbas Isidoros als Priester und „Vater" der Sketis. Obwohl er nicht lesen konnte, so die Überlieferung, hatte er die Gnade der Erlenntnis der Heiligen Schrift.

Poimen

Einer der bedeutendsten Einsiedler in der Sketischen Wüste, der auch den Beinamen „der Große" trägt. Insgesamt mehr als 180 Apophthegmata sind von ihm überliefert. Er soll angeblich 450 im Alter von 110 Jahren gestorben sein. Poimen gilt in allen orthodoxen Kirchen und in der katholischen Kirche als Heiliger.

Sketis, Sketische Wüste

Eines der Zentren, in denen die Wüstenväter sich niederließen: ein Wüstental (Wadi), das als Ausläufer der Sahara (Libysche Wüste) etwa 100 km südöstlich der ägyptischen Hafenstadt Alexandria und südwestlich des Nildeltas liegt.

Thebais, Thebäische Wüste

Antiker Name für die Gegend um die ägyptische Stadt Theben. Hier ließen sich in der Felswüste bei der Stadt in frühchristlicher Zeit Einsiedler nieder.

Versuchung (peirasmos)

Der Mönch wird von den „logismoi" versucht, sich von ihnen beherrschen zu lassen. Das Wesen des Mönches ist, dass er versucht wird. „Mönchsein ist Versuchtsein, und zwar bis zum letzten Atemzug; ohne Versuchung kein Heil." (Schweizer 16,548f) Eine häufige Versuchung ist, das Kellion zu verlassen und wieder in die Welt zurückzugehen. Manchen erschien das Leben im Kellion zu hart. Aber die Mönche wissen: Wenn Gott ihnen alle Versuchungen nehmen würde, dann würden sie auch im Kampf nachlassen. Daher bewährt sich der Mönch angesichts der Versuchung. Er wird durch die Versuchungen im Kampf gestärkt. Abbas Antonios sagt: „Keiner kann unversucht ins Himmelreich eingehen. Nimm die Versuchungen weg, und es ist keiner, der Rettung findet." (Antonios 5)

Quellen

Bonifaz Miller, Apophtegmata Patrum. Weisung der
Väter, übersetzt von Bonifaz Miller, Trier 1965.
Eduard Schweitzer, Apophthegmata Patrum (Teil I).
Das Alphabetikon – Die alphabetisch-anonyme
Reihe. Weisungen der Väter, Bd. 14, Beuron 2012.
Eduard Schweitzer, Apophthegmata Patrum (Teil II).
Die Anonyma. Weisungen der Väter, Bd. 15, Beuron
2011.
Eduard Schweitzer, Apophthegmata Patrum (Teil III).
Aus früheren Sammlungen. Weisungen der Väter,
Bd. 16, Beuron 2013.

Die Ausgabe von Bonifaz Miller, der das Alphabetikon übersetzt hat, ordnet die Apophthegmen alphabetisch nach den Namen. Die erste Nummer bezieht sich auf die Vätersprüche, die
dem jeweiligen Altvater zugeordnet sind. (Poimen 18 ist also
der 18. Väterspruch unter Poimen. Apo 606 bezieht sich auf die
Gesamtzahl der Apophthegmen, wie sie Bonifaz Miller angibt.)
Die Angabe wie Schweizer II und III bezieht sich auf dessen
Ausgabe. Quellen, wie sie Schweizer selbst angegeben hat, beziehen sich auf die alten Sammlungen, aus denen er übersetzt hat.
Die Vignetten von Rallis Kopsidis sind mit freundlicher
Genehmigung des Verlags dem Band „Sprüche der Väter",
herausgegeben und übersetzt von P. Bonifatius OSB. entnom-
men (Geist und Leben der Ostkirche, Band III, Texte und Stu-
dien zur Kenntnis ostkirchlicher Geistigkeit), Verlag Styria,
Graz/Wien/Köln 1963.

Literaturhinweise

Gabriel Bunge, Akedia. Die geistliche Lehre des Evagrios Pontikos vom Überdruss, 3. Aufl., Köln 1989

Daniel Hell, Die Sprache der Seele verstehen. Die Wüstenväter als Therapeuten, 4. Aufl., Freiburg i. Br. 2015

Anselm Grün, Der Himmel beginnt in dir. Das Wissen der Wüstenväter für heute, 5. Aufl., Freiburg i. Br. 2000

Anselm Grün, Der Umgang mit dem Bösen. Der Dämonenkampf im alten Mönchtum, 14. Aufl., Münsterschwarzach 2007

Anselm Grün, Geistliche Begleitung bei den Wüstenvätern, 9. Aufl., Münsterschwarzach 2013

Anselm Grün, Der Weg durch die Wüste. 40 Weisheitssprüche der Wüstenväter, 2. Aufl., Münsterschwarzach 2013

Thomas Merton, Die Weisheit der Wüste, Frankfurt a. M. 1999

Fidelis Ruppert, Geistlich kämpfen lernen – Benediktinische Lebenskunst für den Alltag, Münsterschwarzach 2012

Gabriele Ziegler, Frei werden – Der geistliche Weg des Johannes Cassian, Münsterschwarzach 2011